한눈에 읽는 외식창업 성공 이야기 [시리즈 9]

사계절 매니아로 불황없는 곱창·막창 전문점

김병욱 지음

킴스정보전략연구소

김 병 욱 소장

   킴스정보전략연구소 소장인 김병욱 박사는 소상공인 창업 지원 연구, 개발, 평가, 심사, 위원으로 활동하고 있으며, 삼성그룹사가 작사와 1등을 뛰어넘는 2등 전략과 창업 틈새 전략 외 150여 권의 저서를 발표한 바 있다.

   그 밖에 방송·산업체 강의, 평가 등의 활동과 동시 월스트리트저널에 의해 21세기 아시아 차세대 리더에 선임된 바 있는 정보전략가임과 동시 경영컨설턴트이다.

Contents

Ⅰ. 곱창·막창 전문점의 현황 ···1

1. 곱창·막창 전문점 경영 ···3
  1) 곱창·막창 전문점 컨셉과 분류 ·································3
  2) 곱창·막창의 상품유형과 분류 ·································3
  3) 곱창·막창 전문점의 분류와 특징 ·····························6

2. 곱창·막창전문점의 소비트렌드와 시장발전 ·················7
  1) 곱창·막창전문점의 소비스타일과 수요층 ···············7
  2) 곱창·막창 의 변화와 발전 ·······································9
  3) 곱창·막창의 지역별, 상권별, 메뉴별 입지분석 ·······9

3. 곱창·막창전문점 투자수익률과 시장 경쟁력 ···············10
  1) 투자비용과 수익률 ··10
  2) 곱창·막창 전문점의 경쟁력 ···································11
  3) 곱창·막창 전문점의 대중적인 선호이유 ··············12

4. 레드오션의 곱창·막창 전문점 경영 노하우 ···············14
  1) 레드오션인 곱창·막창 전문점의 성공 포인트 ······14
  2) 40년 전통의 대구막창으로 불리는 이유 ···············15
  3) 굵고 우윳빛에, 부드러워 보이는 것이 최상품 ······15
  4) 곱창·막창 전문점의 운영 현황 ·····························17

Contents

II. 곱창·막창 전문점 핵심 경영 요소 ·············19
1. 창업절차 및 경영 체크리스트 ················21
  1) 컨셉 및 목표 ·············21
  2) 인테리어 ·············21
  3) 식자재매입 및 집기구매와 직원교육 ·············22
  4) 인허가 준비 ·············23
2. 상권 및 입지분석 ·············24
  1) 곱창·막창전문점 상권특징의 이해 ·············24
  2) 상권의 후보지 결정과 선택 ·············25
  3) 입지선정 ·············26
3. 사업계획 수립 및 사업성 분석 ·············28
  1) 사업계획 수립 ·············28
  2) 직원교육 ·············34
  3) 개업준비와 홍보 ·············35
4. 성공 창업 전략 ·············37
  1) 안정적인 매입처 및 인력의 확보 ·············37
  2) 철저한 원가관리 ·············38
  3) 철저한 품질관리 ·············39

Contents

Ⅲ. 곱창 막창 상품재료의 선택과 관리 ·············41

1. 유통 관리 현황 ·············43
  1) 재료의 유통단계 ·············43
  2) 재료별 관리 ·············44
  3) 영양관리 ·············47

2. 곱창·막창의 품질 관리와 메뉴 구성 ·············50
  1) 상품지식 ·············50
  2) 냉동육의 단점과 숙성방법 ·············54
  3) 곱창·막창의 관리 ·············55
  4) 곱창·막창 메뉴구성 ·············55

3. 메뉴 및 재료의 관리와 손질 ·············57
  1) 막창 ·············57
  2) 대창 ·············57
  3) 특양 ·············59
  4) 갈비살 ·············62
  5) 곱창 ·············63
  6) 부산물(처녑,간,염통,비장) ·············66

Contents

Ⅳ. 곱창·막창 우수브랜드의 성공전략 ·················69

1. 곱창·막창 리딩브랜드의 성공전략 ···············71
  1) 신선함과 특제소스로 무장한 젊은 곱창 〈곱창 이야기〉 ········71
  2) 38년 전통 황토구이 곱창 〈안경할머니곱창〉 ···············75
  3) 서민을 위한 소자본 창업 〈앗싸! 곱창〉 ···················77
  4) 35년 경영 노하우의 〈거북곱창〉 ·························83
  5) 숯불 곱창 20년 전통 〈또오기곱창〉 ······················84
  6) 내공 깊은 맛과 성공 창업 〈양철북〉 ·····················89

2. 곱창·막창 신생브랜드의 틈새 성공전략 ···········92
  1) 짚불구이에서 해답을 찾다 〈마포짚불구이 곱창〉 ············92
  2) 곱창 대중화 견인 〈호랭이돌곱창〉 ·······················97
  3) 소곱창의 해외 대중화에 앞장선 〈아가씨곱창〉 ············106
  4) 성공포인트는 색다른 메뉴 구성 〈사나이창〉 ··············108
  5) 퓨전 곱창·막창 카페 〈진서방곱이네〉 ···················111
  6) 성공 소액창업 프랜차이즈 〈슈퍼곱창〉 ··················114

부록 : 창업 및 업종전환, 신규사업 가이드 ·········117

참고문헌 ··195

I

곱창·막창 전문점의 현황

1. 곱창·막창 전문점 경영

1) 곱창·막창 전문점 컨셉과 분류

곱창·막창전문점은 돼지곱창전문점과 소곱창전문점으로 나뉜다. 재래시장 진입로변에서의 곱창·막창전문점은 야채철판곱창·막창 형태로 주부 및 가족단위 수요를 타깃으로 별미 먹거리로도 정평이 나 있는 아이템이다. 곱창·막창전문점의 가장 큰 위험요인이라면 웰빙트렌드에 부합하는 음식점이냐의 문제이다. 곱창·막창의 경우 항간에는 콜레스테롤 덩어리라는 의식이 팽배해있기 때문에 야채 등 웰빙 원재료를 첨가해서 웰빙 지수를 높이는 것이 관건이다. 곱창·막창의 원자재를 손질하는 것 또한 중요하다. 특히 원재료의 특성상 냄새가 나지 않게 원재료를 1차 가공하는 기술을 익히는 것이 중요하다.

2) 곱창·막창의 상품유형과 분류

소와 돼지의 내장부위인 곱창, 막창, 양, 대창 등은 한국인들에게 삼겹살 다음으로 많은 사랑을 받는 국민 스테디셀러 간식이자 술안주. "곱창에 소주 한잔!"이라는 말은 누구에게나 낯설지 않을 정도로 한국인들의 곱창·막창 사랑은 지극하다. 그런데 대부분의 소비자는 곱창 또는 막창이 정확히 어떤 부위인지 알고 먹는 사람이 많지 않다. 그렇다면 상품으로서 곱창·막창을 분류해보면 다음과 같이 정리할 수 있다.

① **곱창** : 곱창은 소나 돼지의 소장(小腸)을 가리킨다. 튜브상태이며 탄력섬유가 많아 질기다. 따라서 고아서먹거나 야채가 든 소스에 무쳐서 굽거나 볶아 먹으면 별미다. 곱창은 철분과 비타민이 풍부하고 가격도 저렴해서 보신요리에 잘 이용한다. 「동의보감」에서는 곱창을 '정력과 기운을 돋우고 비장과 위를 튼튼히 해준다'고 했다. 술안주 시 분해 작용이 뛰어나 위벽보호, 알코올 분해, 소화촉진 등의 작용도 한다.

② **막창** : 막창은 소의 경우 소의 위 4개 가운데 마지막에 위치한 일명 '홍창'을 말하며, 돼지의 경우 창자의 마지막 부분으로 한 뼘 정도 길이의 항문까지의 직장 부위를 말한다. 소 한 마리에 200g~400g 정도로 극히 소량이 나오며 돼지의 경우도 비슷하다. 고단백이며 일반 살코기보다 칼슘 성분이 월등히 많고 골다공증 및 골

연화증 예방에도 큰 효과가 있다. 또 분해 작용이 뛰어나 위벽보호 알코올 분해, 소화촉진에 도움을 준다.

③ **대창** : 대창은 소의 큰 창자를 말한다. 둥그렇게 말린 나선원 반형으로 길이는 약 30m 정도다. 곱창에 비해 겉에 내장지방이 많이 붙어 있고 붉은 기운이 없이 흰 편이다. 수분과 지질의 함량이 적어 약간 흐물거리는 질감으로 소 한 마리에서 약 2kg 정도 생산된다. 특유의 냄새가 나기 때문에 철저한 세척과 처리가 필요하며, 적당한 크기로 자른 후 양념에 재워 굽거나 그대로 구워 참기름장에 찍어먹는다. 또는 전골이나 내장탕의 재료로 이용한다.

④ **양** : 양은 소의 4개 위 중에서 첫 번째 위를 가리킨다. 전체 위의 약 80%를 차지하므로 부피가 대단히 크다. 양은 짙은 갈색의 융기들이 굵은 털처럼 잘 발달한 모양을 하고 있다. 양을 받치고 있는 근육조직인 '깃머리' 또는 '양깃머리'는 거칠고 단단한 근섬유다발로, 쫄깃하고 탄력적인 결체조직과 조화를 이루고 있어 저작감과 풍미가 독특하다. 비타민과 단백질이 많아서 몸이 허약한 사람이나 회복기의 환자에게 좋다.

3) 곱창·막창 전문점의 분류와 특징

　곱창·막창은 재료 공급의 한정성 및 독특한 식감, 상대적으로 높은 가격 등을 이유로 수요층이 제한적인 특징을 갖고 있다. 그럼에도 불구하고 곱창·막창전문점 만큼이나 역사가 길고 맛 집으로 알려진 점포가 많은 아이템도 드물다. 곱창·막창전문점의 운영에 따른 특징을 살펴보면 우선 역사가 길다는 점이다. 곱창·막창전문점은 대부분 오랜 기간 사업을 영위한 사업장이 많다. 그 이유는 신규 진출에 따른 진입장벽이 높기 때문이다. 제한된 물량과 곱창·막창 손질에 따른 노하우, 그리고 마니아층이 즐기는 음식이어서 상대적으로 음식에 대한 소비자 평가가 보수적인 점 등은 신규업체의 진출을 가로막는 주요 요인으로 보인다. 따라서 새로 시장에 진입하는 곱창·막창전문점의 경우 대부분 규모를 키우고 시설을 현대화하며, 메뉴를 고급화하는 등 차별화 하는 특징을 보이고 있다. 곱창·막창의 경우 물량 확보에 어려움이 있고 유통기한이 짧아 취급이 어렵다는 점을 간파하여 매입이 다소 수월한 '특양구이'로 대표되는 양갓머리와 대창구이를 메인 메뉴로 하여 기존 곱창·막창전문점과 차별화를 꾀함으로써 경쟁력을 확보, 시장에 진출하고 있는 것이다. 이들 업체 중 선두업체들은 가맹본부로써 프랜차이즈 사업에 뛰어들고 있기도 하다. 이와 같은 차별화된 시장의 형성이 가능한 이유는 구이용 양(소의 첫 번째 위를 지칭함)의 경우, 국내산보다 수입산이 더 적합하기 때문에 구이전문점의 경우 수입산을 선호하고 있고, 수입산의 경우 상대적으로 안정적인 물량 수급이 가능하기 때문이다. 곱창·막창전문점은 대체로 단품(내장 류)메뉴를 고집하고 있는 특징이 있으며, 크게 전통적인 곱창·막창전문점과 현대화되고 대형화된 특양구이 전문점으로 대비되는 두 가지의 형태적인 특징을 지니고 있다.

2. 곱창·막창전문점의 소비트렌드와 시장발전

1) 곱창·막창전문점의 소비스타일과 수요층

곱창·막창의 소비스타일은 먼저 서민층 수요와 고급 수요층으로 분리할 수 있다. 선술집 형태의 곱창·막창전문점에서는 반드시 돼지곱창과 함께 막창메뉴를 추가함으로써 안정적인 소주 안주로서의 경쟁력을 확보하고 있다. 반면 고급 수요가 즐기는 곱창 아이템은 소곱창과 대창, 양구이 등을 들 수 있다. 한우 관련 내장 부산물의 경우 원가가 높기 때문에 중장년층 고급 수요가 주로 이용하는 경우가 많다. 굳이 소곱창 관련 대중적인 소비스타일을 찾자면 서울 교대역 일대 거북곱창 등의 선술집형 소곱창전문점 등을 들 수 있다. 곱창·막창 요리는 주류아이템의 틈새메뉴이며, 특정 마니아층이 형성된 아이템으로서 창업시장에서의 틈새아이템으로 각광받고 있다. 전체 외식시장에서 곱창·막창전문점이 차지하는 시장규모는 그다지 높지 않은 게 사실이다. 상권을 중심으로 업종조사를 하다보면 대형 상권이라고 하더라도 곱창·막창전문점 개수는 5개 매장 이하인 경우가 대부분이다. 하지만 대구상권 등 지역적 특성에 따라서 공급이 많은 상권도 없지는 않다. 전체적으로 본다면 곱창·막창전문점의 시장규모는 점진적으로 확대되는 추세이다. 특히 양곱창집으로 유명한 곳은 서울 삼성동 곰바위집, 을지로 양미옥에는 지금도 나이 지긋한 손님들로 인산인해를 이룬다. 돼지곱창전문점의 원조는 대구 두류산일대 곱창골목이 가장 유명하며 막창전문점의 경우 복현동5거리와 대구 수성못일대 막창집이 문전성시를 이룬다. 서울지역에도 왕십리곱창골목, 합정동곱창골목, 구리 돌다리곱창골목이 유명하다. 프랜차이즈로는 본가왕십리곱창, 고향막창, 오발탄 등이 대표적인 브랜드로 성업 중이다.

2) 곱창·막창 의 변화와 발전

원래 곱창·막창요리가 처음 시작된 것은 기원전 2000년 경 신석기시대 농경이 시작되면서부터 한우의 가축화가 이루어지기 시작했고, 이때부터 한우를 식용으로 먹는 관습이 생겼다는 것이 일반적인 정설이다. 내장요리의 경우 영국계 앵글로색슨계 민족은 지금도 내장요리를 먹지 않는다. 하지만 우리나라에서는 본초강목에 곱창·막창 요리의 효능으로 이질을 낫게 하고, 술독을 풀어준다는 언급이 있는 것으로 보아 조선시대부터 식용으로 일반화되었음을 알 수 있다. 이후 교대 거북곱창, 왕십리 곱창골목, 합정동 곱창골목, 구리 돌다리 곱창골목 등은 지금으로부터 20년 전부터 전문 음식골목 형태로 나타나기 시작했다. 90년대 후반 이후 비로소 프랜차이즈 형태로 곱창막창전문점이 출현하기 시작하여 현재는 약 40여개의 프랜차이즈 브랜드가 성업 중이다.

3) 곱창·막창의 지역별, 상권별, 메뉴별 입지분석

현 단계에서 곱창·막창전문점은 지역별, 상권별, 메뉴별 등락이 심한 아이템으로 분류된다. 대구 두류산을 중심으로 한 대구지역의 경우 곱창·막창아이템은 대구사람들의 대표적 먹거리로 자리 잡고 있으며, 지금도 성업 중에 있다. 대구 스타일의 곱창 막창구이는 프랜차이즈로도 세팅되어 상권에 모습을 드러내고 있는 실정이다. 주요 곱창·막창 전문 골목은 곱창·막창 자체가 하나의 식문화로 자리 잡고 있기 때문에 경기자체의 연동에 상관없이 호황을 누리고 있는 곳이 많은 편이다. 문제는 신규 점포로 신규상권에서 곱창·막창 전문점을 새롭게 출점할 때의 문제이다. 일반 상권에서 무턱대고 곱창·막창전문점을 냈다가 낭패를 보는 곳도 적지 않기 때문이다. 신규 창업예정자라면 곱창·막창의 웰빙 지수를 높일 수 있는 메뉴개발 및 상품개발이 선행되어야 한다.

3. 곱창·막창전문점 투자수익률과 시장 경쟁력

1) 투자비용과 수익률

곱창·막창전문점은 상권에서의 경쟁이 치열한 아이템은 아니다. 단지 경기침체가 계속되면서 최소비용으로 오픈하는 선술집형 곱창·막창전문점이 곳곳에 생겨나는 상권이 있다. 이들 상권에서 곱창·막창전문점의 영업상황은 맛과 시설경쟁력, 서비스경쟁력 여하에 따라서 영업상황은 달라진다. 하지만 선술집형 곱창·막창전문점이라고 하더라도 여성고객을 유인하기 위한 상품개발에 신경을 써야 한다. 소곱창을 위주로 하는 곱창·막창전문점의 경우 고급 양, 대창구이 스타일과 교대 거북곱창 스타일의 선술집형으로 나뉜다. 하지만 소곱창전문점을 오픈할 때에는 기본적인 소비력을 감안해서 출점해야 하며, 특히 오피스상권에 출점한 곱창·막창전문점의 경우 점심 매출이 약하다는 점을 기억해서 영업해야 한다.

특히 곱창·막창전문점을 오픈한다면 최소한 오피스가 먹자라인의 가시성 좋은 매장이 중요하다. 최근 1억원 내외로 투자한 곱창·막창전문점의 경우 월 1,500만-2,000만원 이상 매출을 올린다. 식자재 등 원가비율은 35%정도이며, 마진율은 65% 수준이다.

2) 곱창·막창 전문점의 경쟁력

수많은 창업전문가들은 뭔가 새로운 것을 찾기 보다는 일상에서 우리가 흔히 접하고 있는 아이템에서 발상의 전환을 가지라는 것이다. 어떤 아이템은 시기상조이거나 프랜차이즈화 시키는 것이 쉽지 않을 수도 있다. 이는 내장을 점포에서 점주가 관리하는 것이 여간 어려운 일일 뿐만 아니라 프랜차이즈화 하기엔 곱창·막창의 물량이 기대에 미치지 못하기 때문이다. 하지만 최근에는 곱창·막창전문점 프랜차이즈 업체들이 두각을 보이면 이 같은 문제들도 해결되고 있다. 그동안 내장이라는 선입견이나 곱창·막창 특유의 냄새로 인해 먹지 못하는 사람들이 많았지만, 제대로 된 맛을 본 사람이라면 금방 단골이 될 정도로 곱창·막창의 매력에 빠져들게 된다. 특히 곱창의 매력은 소화액이라고 불리는 곱에 의해 결정되는데 불에 구웠을 때 곱창에 붙은 기름과 잘 어우러져 고소한 맛이 일품이다. 하지만 곱창·막창은 수급이 원활하지 않으며, 제대로 된 수급이 이뤄진다 해도 곱이 제대로 붙어있다는 보장이 없어 어려움을 겪어왔다. 원재료에 대한 불균형이 상품의 가치를 떨어뜨려 점포 운영이 원활하지 못했으며, 프랜차이즈 산업은 더욱 엄두를 내기가 힘들기 때문이다.

3) 곱창·막창 전문점의 대중적인 선호이유

곱창·막창을 선호하는 사람이 많은 이유를 요약하면 크게 두 가지로 정리할 수 있다.

첫째, 트렌드에 휘둘리지 않는 지조 있는 아이템으로 이미 유명세를 타고 있는 곱창전문점이 이를 말해주고 있다. 단, 고객들에게 신뢰를 줄만한 운영과 관리, 개발이 제대로 이루어졌느냐가 관건이다.

둘째, 유통망 개발을 통한 프랜차이즈화로 개인점포의 경우 1년은 운영해봐야 곱창을 제대로 보는 안목이나 다룰 수 있는 실력이 생길 정도로 관리하기 매우 까다로운 품목이다. 따라서 다른 업종과는 달리 곱창에 대한 공부를 부단히 하지 않으면 점포 운영에 어려움을 겪는다. 이에 프랜차이즈 기업들은 다양한 자구책을 내놓으면서 조금씩 프랜차이즈로서의 발길을 내딛고 있다. 수입 곱창을 활용한다든지, 공장에서 미리 삶거나 쪄서 가공을 한다든지, 안전한 물류 및 유통망을 개발에 프랜차이즈화에 접목시키면서 대중화의 물꼬를 트기 시작했기 때문이다. 무엇보다 곱창·막창은 매장에서 재료 손질과 관리가 어려워 개인 독립창업자들도 웬만한 노하우 없이는 쉽게 창업에 뛰어들 수 있는 아이템이 아니었다. 그러나 각 지역마다 장인정신에 가까운 재료 관리와 메뉴개발, 고객서비스 표준화로 맛집으로 이름난 개인점포들이 많이 생겨나면서 이들의 노하우를 프랜차이즈 경영에 접목시켜, 최근에는 프랜차이즈 브랜드들이 속속 생겨나고 있는 것이다. 〈마포짚불구이곱창〉의 경우 공장에서 미리 찜과 짚불구이를 통해 매장에서도 관리가 손쉬울 뿐만 아니라 고객들도 거부감 없이 맛있는 곱창을 즐길 수 있게 하여 젊은 직장인 고객들로부터 인기가 좋다. 이렇듯 곱창·막창전문점은 자사만의 물류 및 유통 노하우와 식재료 관리, 메뉴개발 등을 통해 그동안 프랜차이즈 영역 밖이던 곱창·막창전문점의 프랜차이즈화의 길을 연 것이다.

4. 레드오션의 곱창·막창 전문점 경영 노하우

1) 레드오션인 곱창·막창 전문점의 성공 포인트

곱창·막창 전문점 창업의 성공 요인과 노하우를 살펴보면 외식업의 기본은 맛이다. 곱창·막창전문집도 예외는 아니다. 곱창·막창 장사에서 깔끔한 맛이 나지 않으면 호감을 주지 못한다. 결국 한번 온 손님은 다시 찾지 않는다는 점이다. 이는 결코 단골을 만들 수 없다. 그리고 곱창·막창 특유의 잡내를 없애야 한다. 끊임없는 맛 개발이 필요한 이유이다. 곱창·막창재료는 대부분 중앙시장에서 공급받는다. 곱창·막창전문집은 도축장보다 1차 가공이 된 부산물 업체에서 구입하는 게 손질하기 훨씬 편하다. 그래도 실전 경험이 중요하기 때문에 곱창전문점에 가서 6개월 이상 일을 해보고 창업하는 것이 좋다. 곱창·막창전문집 예비창업자가 궁금해 하는 것 중 하나는 상권이다. 영업시간 때 유동인구를 파악해야 한다. 둘째는 점포 인근에 지하철이나 버스정류장이 있으면 좋다. 아울러 오르막과 내리막 길보다는 평지가, 세로형보다는 넓어 보이는 가로형 점포가 효율적이다.

2) 40년 전통의 대구막창으로 불리는 이유

막창구이가 나타나기 시작한 것은 1970년대 초부터다. 이후 대구 남구 합승도로에 막창구이집이 생겨나기 시작해 대구 전역으로 확산됐다. 현재는 대구 중구 로데오거리와 내당네거리, 달서구 대구 호텔 옆, 남구 안지랑시장과 서부 정류장 옆, 북구 보현오거리와 원대동 복개천 일대, 수성구 지산동 목련아파트와 두산동 두산성당 인근 동지에 막창골목이 형성돼 있다. 이렇게 형성된 먹거리물을 형성한 대구막창의 맛을 결정하는 것은 된장 소스이다.

3) 굵고 우윳빛에, 부드러워 보이는 것이 최상품

곱창·막창은 손질을 어떻게 하느냐가 관건이다. 곱창·믹창을 도축장에서 신속하게 공수해 와 온도에 맞게 다루고 분비물을 빨리 빼

내어 소화액은 곱을 얼마나 잘 유지해주느냐가 관건이다. 때문에 곱창은 시간을 다투는 작업으로 업체들 간에도 치열한 공수작전이 펼쳐진다. 이강축산의 경우 하루에도 한우 50두, 육우 20두의 물량을 거래하고 있으며, 곱창·막창은 꾸준히 늘어나는 추세다. 직접 곱창·막창 전문점을 운영해보기도 했다는 이곳 대표는 곱창·막창 전문점이 겉으로 보기엔 쉬워보여도 생물을 다루는 일이라 여간 까다로운 것이 아님을 강조한다. 때문에 개인 곱창·막창 전문점의 경우, 자신이 원하는 스펙에 맞는 제품을 고르기까지 보통 1년은 걸려야 제대로 된 안목이 생긴다.

곱창·막창은 굵은 것이 좋고, 색깔은 우윳빛이 나고 부드러워 보이는 것이 맛있다. 특히 곱창은 황소를 최고로 치며 A+, A++의 한우에서 나온 것은 육질은 좋으나 곱창·막창은 좋지 않아 주로 전로 쓰인다, 고기도 암소가 좋지만, 곱창·막창은 새끼를 낳았기 때문에 질겨 선호하지 않는다. 하지만 최근 황소 곱창·막창은 거의 찾아볼 수 없으며 대부분 한우와 육우가 대부분이고 육우 곱창은 연하고 부드러운 반면, 한우 곱창·막창은 고소하고 질긴 것이 특징이다. 특히 곱창·막창의 맛은 육우품질이 좌우한다. 따라서 제품이 좋아야 고객이 찾는다는 것을 철칙이자 신념으로 생각해야 한다. 30여개 곱창·막창 전문점에 곱창을 납품하고 있는 이강축산의 경우 직접 영업을 뛰어본 일이 없을 정도로 제품력으로 승부를 건다. 거래업체는 대부분 곱창·막창의 진면목을 알아주는 고객이 대부분으로 물건이 좋아야 고객이 찾는다는 것을 철칙이자, 신념으로 생각해야한다. 곱창·막창이 곱이 많다고 해서 꼭, 맛이 좋은 것만은 아니며. 곱이 적당히 들어있어야 고소한 맛이 나는데 곱이 너무 많으면 뻑뻑한 맛이 나 식감이 좋지 않다. 다른 부위와는 달리 곱창·막창은 매우 예민해서 온도와 선도를 유지하지 않으면, 곱이 녹아버려 제품으로써 가치가 떨어지기 때문이다.

4) 곱창·막창 전문점의 운영 현황

농업이 근간이었던 과거의 우리 사회에서 소나 돼지는 상당히 소중한 자산이었으며 그 소비 또한 부유층 일부에게만 한정된 것이었다. 따라서 소나 돼지를 음식으로 접하는 일은 극히 한정적이었으며 또 부위별로 다양한 조리법이 전해졌다. 소나 돼지는 귀한만큼 고기를 포함하여 부산물 전부를 활용하였던 것이다. 근래에 들어 사회·경제적 발전에 더해 소고기 및 돼지고기 부산물을 쉽게 접할 수 있게 되었으니 여전히 그 희소성으로 인헤 가격은 만만치 않은 상황이다. 소나 돼지의 부산물인 내장 또한, 유통기한이 짧은 생물이라는 특성과 주산물이 아닌 부산물인 점 등으로 그 생산이 한정적이어서 가격이 높게 책정되어 있다. 실제로 한국육가공협회의 통계에 따르면 2015년도 도축된 소의 경우 모두 768,983두였다. 이 중 곱창구이용으로 상품성이 떨어지는 젖소 64,068두를 제외하면 실제 상품화할 수 있는 부산물은 도축된 소에서 나온 704,915두인 것이다. 이를 일(日)단위로 나누면 하루에 1,931두를 도축한 셈이고 여기서 얻을 수 있는 부산물 또한 1,931두뿐이다. 물론 수입산 내장이 있기는 하지만 상품성이 떨어져 전골용으로 주로 사용되고 있고, 곱창 전문점 대부분 국내산을 구이용으로 사용하고 있다. 2015년 현재 한국유가공협회의 통계에 의하면 전국의 곱창전문점은 7,401개가 있는 것을 조사됐다. 소곱창 전문점은 전국에 2,500여개 내외 정도가 분포한 것으로 추정된다. 이들 곱창 전문점은 대부분 구이 전문점으로 생물을 취급하고 있고, 곱창 외의 부산물은 대창, 먹창, 염통, 간, 천엽을 메인 메뉴로 하여 볶음밥, 전골 등의 사이드 메뉴를 갖추고 운영하는 것이 일반적이다.

II

곱창·막창 전문점 핵심 경영 요소

1. 창업절차 및 경영 체크리스트

1) 컨셉 및 목표

소상공인으로 창업을 하여 사업체를 운영한다는 것은 상당히 복잡하고 어려운 일이다.

곱창·막창 전문점은 특양구이로 대표되는 대형화되고 시설을 현대화시킨 곳과 전통적인 측면에서 곱창 전문점을 강조한 곳으로 크게 나눌 수 있다. 물론 개별상권 특징이나 자금규모 등을 고려하여 새로운 컨셉을 창조해 낼 수도 있다.

2) 인테리어

인테리어는 창업자 자신이 설정한 컨셉을 가장 소비자에게 극명하게 드러내는 요소라는 점에서 매우 중요하다. 또한 재무계획상 예상치 못한 비용이 가장 많이 발생하는 부분이라는 점에서도 꼼꼼히 따지고 준비하여야 한다. 인테리어의 기본은 본인이 선정한 아이템과 컨셉에 맞추어 통일성 있도록 설계하고 시행하여야 한다는 점이다.

인테리어 시 창업자가 알아야 할 사항은 아래와 같다.

먼저 인테리어 사업자의 선정으로 인테리어 사업자는 복수로 선택하여 설계도면과 견적을 뽑아 보고, 도면과 세부견적이 어느 쪽이 합리적인지 판단하여 결정한다. 그리고 인테리어 계약에 있어 인테리어는 변수가 많고 소상공인 점포의 경우 상대적으로 그 금액이 낮아 계약서를 작성하지 않는 경우가 많은데, 이럴 경우 나중에 문제나 하자가 발생 시 그 책임을 따질 근거가 없어 창업자가 고스란히 손해를 입을 수 있다. 따라서 공사기간에 대한 명시와 그에 따른 손해배상문제를 명확히 하는 것이 중요하다, 추가적으로 공사 후 하자 발생에 관한 부분도 명확히 하여야 한다.

3) 식자재매입 및 집기구매와 직원교육

임대인에게 양해를 얻지 않는 한, 개업 준비 중에도 임차료는 지급하여야 한다. 집기는 사업계획 시 미리 집기구매 목록을 작성하여 대형 설비, 집기 및 냉·난방기는 인테리어 업자와 논의하여 인테리어 진행 상황에 따라 납품받아 설치할 수 있도록 하고 소규모 집기 및 식자재는 인테리어 완료 시점에 납품을 받을 수 있도록 사전에 준비해 두어야 한다. 이때 종업원의 유니폼이나, 앞치마, 빌지, 냅킨, 전단지, 개업 홍보물, 메뉴판에 들어갈 사진작업 등도 같이 진행하여 개업일정에 차질을 빚지 않도록 한다. 예정 입지여건, 가격 등을 고려하여 공급처를 확보할 수 있도록 한다. 구이용 판, 그릇 등은 주방용품 전문점에서 구입할 수가 있는데 곱창의 경우 구이과정에서 기름이 많이 발생하므로 이를 해결할 수 있는 구이용 판이 필요하다. 특양구이용은 보통 숯불용 석쇠를 많이 사용하고 있고, 곱창·막창구이용 판은 주물 제작된 두꺼운 쇠판을 주로 사용한다. 직원은 인테리어 기간 동안 업무가 숙달될 수 있도록 계속하여 실습을 시킬 필요가 있다. 곱창 전문점이라는 아이템 특성상, 직원의 업무 숙련 정도가 사업의 손익구조에 상당한 영향을 미치기 때문이다.

4) 인허가 준비

곱창·막창 전문점의 경우 영업신고만으로 영업이 가능하며, 영업신고증 발급 후 사업자등록을 신청하여 개설하면 된다. 우선 영입신고를 위해선 위생 교육을 미리 받아야 하며 영입에 필요한 시설을 갖춘 후, 영업신고서에 구비서류를 첨부하여 신고 관청(시장, 군수, 군청장)에 제출하여야 한다. 업소면적이 $33m^2$ 이상일 경우, 지하철 공채 45만원, 도시가스 사용 신고필증 등이 첨부되어야 한다.

2. 상권 및 입지분석

1) 곱창·막창전문점 상권특징의 이해

곱창·막창전문점 또한 전문음식점에 속하므로 상권 내에서 공존과 경쟁을 같이하고 있다. 음식점은 모여 있는 것이 상세력을 발휘하는데 유리하며 그 안에서 경쟁한다는 말이다. 또한 상권 자체가 너무 작을 경우 상권력이 미약하며 유입력 또한 약하게 된다. 따라서 곱창·막창전문점은 상권력이 큰 상권에 위치하는 것이 유리하다. 결론부터 말하면 곱창·막창전문점은 큰 상권의 B급지 정도의 입지에 위치하는 것이 유리하다. 상권별로 그 특징을 세분화하면 아래와 같다.

〈표1〉 상권별 특징

구분	특징
오피스	- 말, 저녁 공백. - 직장인 상권의 경우 짧은 이동을 선호하는 경향이 강하여 어디에 입지하는가가 중요함. - 따라서 오피스 이면 유동인구가 많은 곳이 상대적으로 유리. - 직장인을 목표시장으로 하는 만큼 규모를 크게 하고 현대화된 환경으로 창업하는 것이 유리.
역세권	- 영업시간이 상대적으로 길고 자영업자의 피로도가 큼. - 24시간 성황, 주말 유입인구가 크고 업종이 다양하며 유

	홍성향이 상대적으로 강한 상권 곱창전문점은 B급지에 입지하는 것이 적당.
대학가	- 찾아다니며 소비하는 성향이 강해 상권이 넓게 형성. 따라서 입지 선택의 여건이 상대적으로 양호.
주택가	- 평일 공백 - 가족단위 소비자를 유입할 수 있는 환경을 구축하는 것이 필요
전문쇼핑가	- 업종별 군집형태로 상권 발달 - 쇼핑가 자영업자를 목표시장으로 전문상가 인근에 입지

 본인이 하고자 하는 곱창·막창전문점의 특징과 상권의 적합도는 매우 중요하다. 따라서 상권후보지 결정을 위해 위와 같은 상권 특징을 이해할 필요가 있다.

2) 상권의 후보지 결정과 선택

 곱창·막창 전문점에 대한 컨셉이 결정되면 그에 맞는 상권 후보지를 선택해야 한다. 상권후보지를 선택할 때에는 통상 2~3곳의 유사한 상권을 선정하여 분석하는 것이 좋다. 그 이유는 상권 또한 서로 경쟁하고 있다는 점과 유사한 상권분석을 통하여 업종분포 및 활황업종 등 그 상권 특징을 알 수 있기 때문이다. 이는 향후 입지선정에도 큰 도움이 된다. 상권분석 방법은 다양할 뿐 아니라 매우 전문적이고 어렵다. 따라서 여기서는 초보자가 쉽게 접근할 수 있는 상권분석 방법을 간략하게 설명하기로 한다. 우선 후보지 상권의 성쇠를 파악해야 한다. 배후세대나 유입인구의 수, 교통여건, 향후 개발계획, 점포의 수 및 점포의 분포 등으로 상권의 성쇠를 파악할 수 있다. 향후 개발계획은 인터넷이나 구청 도시계획과 등에서 확인할 수 있고 배후세대는 주민센터 홈페이지 등을 통하여 정보를 구할 수 있다, 유입인구 등은 지하철 승하차인구 등으로 파악하고, 무엇보다 중요한 것은 상권 내에 존재하는 점포형 매장의 숫자와 점포의 유형(아이템, 규모, 주 고객층)을 눈으로 조사하는 것이다. 발품을 팔며 조사를 해보면 상권의 특성을 개괄적으로 알 수 있는데, 업종의 분포에 따라 그 수요층이 누구인지 상권 내에 유입하는 소비층이 어떤지를 알아낼 수가 있다.

3) 입지선정

1차 상권후보지 조사를 근거로 선택한 상권에서 자신이 입지하고자 하는 상권을 직접 조사하며 지도로 작성한다. 상권지도를 통하여 상권이 확정되었다면 상권지도 내에 유동인구의 동선, 교통량, 버스

정류장, 지하철, 경쟁점포 등을 표시한다. 특히 경쟁점포는 메인 컨셉, 규모, 매출액, 직원 수 등 다양한 측면에서 분석할 필요가 있다. 경쟁점포에 대한 분석을 통하여 차별화 지향점을 찾고 경쟁우위의 서비스를 제공할 원천을 찾는 것이다. 상권 내에 유동인구 분석, 경쟁분석, 유동성 분석 등이 끝났다면 압자 후보지 매물을 확보해야 한다. 부동산을 통하여 나온 매물 중에 입지조건(유동인구, 가시성, 접근성, 점포 활용도, 임차비용 등)을 분석하여 입지후보지를 선정한다.

<표2> 입지 후보지 선정

1	업종(목적)분석	아이템의 소비시간, 소비수준, 소비층, 소비행동, 경쟁점, 보완점을 분석한다.
2	유사업종군집화	소비패턴과 소비특성 등이 유사한 업종을 군집화 한다.
3	1차 지역선정	군집화된 업종의 환경 조사.
4	적합도 분석	상권과 업종의 적합도와 경쟁점과 보완점을 조사한다.
5	2차 후보지선정	적합도가 높으며, 임대조건 등이 좋은 지역 선정.
6	변화요인 분석	도시계획, 공급률 등을 조사하여 미래변화요인을 조사한다.
7	타당성 분석	추정손익, 투사내비, 수익률 등 사업타딩성을 분석한다.
8	최종	최종 결정

3. 사업계획 수립 및 사업성 분석

1) 사업계획 수립

- 사업개요 : 85m² (약 25평) 테이블 13개 소곱창 전문점 기준

<표3> 환경 분석(3C 분석)

3c	분석 내용	전략 방향
Customer	- 상권 반경 1km 내 - 배후세대를 주택가로 두고 있는 2종 근린생활 상권 - 30~40대 매니아층, 가족 수요 상존 - 31,500세대, 88,700명(주택 80%)	양질의 제품 확보 정당한 가격 정책
Company	- 기능적 능력의 확보 - 공급자 확보 - 20년 이상 거주로 잠재 수요 확보	제품의 질 유지
Competitor	- 경쟁점포 7개소(곱창 6, 양구이 1) - A급 경쟁점포 1개 - 경쟁점 대비 차별화 요소 약함 - 기존 점포의 고객 충성도 높음	양심의 제품 공급과 마케팅으로 새로운 맛집으로 부상

<표4> 사업 방향의 설정

구분	사업 방향 설정
목표고객	- 상권 내 30~40대 - 배후세대 가족 고객
핵심경쟁력	- 기술적 능력 - 양질의 제품에 대한 지속적인 제공능력
실행방안	- 독산동 내장 도매상과의 협업 - 블로그 운영 - 스토리텔링에 의한 고객충성도 고취
업종현황 및 전망	- 공급이 한정적이고 손질에 어려움이 있는 반면, 매니아층을 중심으로 수요가 꾸준하여 향후 전망 또한 안정적임.

<표5> 시설계획

인테리어 컨셉	젠 스타일 추구로 유행을 타지 않으면서 안정감 추구 가족 고객을 위한 편안한 테이블 셋팅 배연 시설에 중점
시설 계획	동선을 고려한 설계 주방면적, 홀 면적, 테이블 수, 마감재 기재 철거, 목공, 전기, 조명, 마감 계획의 구체화 간판 디자인

시설 자금	품명	수량(m²)	3.3m² 당 단가	금액
	인테리어(홀)	66	800,000	16,000,000
	인테리어(주방)	19	400,000	2,000,000
	잡기 비품 등			5,000,000
	간판 외			2,000,000
	합계			25,000,000

<표6> 구매계획

구매전략	독산동 내장 소매상 2곳 이상 확보 세금계산서 수취가 가능한 식자재 업체 확보 결제조건, 반품 조건 등을 명확히 함. 집기 비품 구매 목록표 작성					
	구입품명	구입처	거래조건	연락처	금액	비고
식자재	곱창, 양깃머리 외					
	식자재					
	주류					
집기/비품	주방 용품					
	홀 용품					

<표7> 판매계획

	메뉴명	수량(g)	단가	금액(일)	비고
판매계획	곱창	200	15,454	772,700	부가세 별도
	양깃머리	200	20,000	200,000	
	곱창모둠	200	13,636	272,720	
	염통	200	9,090	45,450	
	간, 천엽		4,545	22,725	
	주류		2,727	149,985	
	합계			1,463,580	

<표8> 원가계획

	원부자재	소요량(일)	구입단가	금액	비고
매출원가	곱창	1보			
	양깃머리	2kg			
	막창	1보			

<표9> 인력 및 인건비 계획

직책	인원	급여	총액	비고
실장(주방/홀)	2	1,600,000	3,200,000	
직원(홀)	2	1,400,000	2,800,000	
보조(주방)	1	800,000	800,000	
합계	5	3,800,000	6,800,000	

<표10> 소요자금 및 조달계획

구분		내역	금액	산출근거
소요자금	시설자금	임차보증금	40,000,000	임대차계약서
		권리금	20,000,000	권리양도계약서
		인테리어비	20,000,000	견적서
		집기 비품	5,000,000	견적서
		소계	85,000,000	
	운영자금	운영자금	25,000,000	매출계획의 약 65%
		소계	25,000,000	
	합계		110,000,000	
조달계획	자기자금	현금/예금	70,000,000	통장
		소계	70,000,000	
	타인자금	은행대출	10,000,000	
		정책자금	30,000,000	창업자금
		소계	40,000,000	
	합계		110,000,000	

<표11> 손익계획

과목	금액		산출근거
1.매출액		39,516,000	매출계획(27일영업일)
2.매출원가		15,806,000	(40%)
3.매출이익		23,710,000	
4.일반관리비		13,875,000	(가~자 합계액)
가.급료	6,800,000		인력계획 참조
나.임차료	5,060,000		
다.관리비	600,000		
라.수도광열비	400,000		
마.통신비	50,000		
바.복리후생비	250,000		
사.광고선전비	100,000		
아.잡비	200,000		
자.감가상각비	415,000		
5.영업이익		9,835,000	
6.영업외비용		100,000	
가.지급이자	100,000		약 25%
7.영업외수익			
8.경상이익		9,735,000	

2) 직원교육

 곱창·막창전문점은 아이템이 단순하지만 손이 많이 가고 숙달되지 않으면 고객에게 제대로 된 서비스와 제품을 공급할 수가 없다. 따라서 개업 전에 반드시 업무숙달 과정이 필요하다. 채용한 직원이 업무에 숙달 할 수 있도록 지속적인 연습과 훈련이 필요하며, 이를 통하여 개업 시 고객 불만이 발생하지 않고 원활한 사업장 운영이 될 수 있도록 해야 한다. 매번 비싼 곱창·막창으로 굽고 자르는 연습을 할 수 없으므로 포기김치를 가지고 가위로 썰어보면서 연습을 하는 것도 하나의 방법이다. 이렇듯 기능적인 측면에서 숙달과정을 충분히 거쳤다면, 다음으로 고객의 내점에서부터 출점까지의 동선에 대한 일관된 서브체계가 갖추어져 있어야 한다. 흔히 고객접점(MOT) 관리라 불리는 서비스 프로세스의 수립은 대단히 중요하다. 고객은 다른 모든 서비스에 만족하더라도 하나의 불만요소가 생긴다면 그 점포를 부정적으로 인식하기 때문이다. 점포에 내점하는 고객과 맞닿는 접점을 분석하여 그에 대응하는 서비스 매뉴얼을 만들어 놓아야 한다.

3) 개업준비와 홍보

(1) 개업 전 유의사항

개업에 앞서 다시 한 번 개업 준비 현황을 챙겨볼 필요가 있다. 특히 사소한 부분에서 놓치기 쉬운 부분은 다시 점검해야 한다. 곱창 전문점에서는 불을 많이 사용하므로 점포 안으로 온도가 상당히 높은 편이다. 따라서 냉방시설이 잘 되어야 한다. 숯불이긴 가스불이건 만원사례를 대비하여 냉방기를 가동시켜 점검해 보도록 한다. 개업 전 사업장의 청소는 필수적이다. 인테리어를 하는 동안 발생한 먼지와 마감재 냄새가 남아있는 상태에서 개업을 할 수 없으므로 충분하고 꼼꼼한 청소와 환기가 필요하다.

(2) 개업 시 홍보

곱창·막창 전문점은 안정화가 될 때까지 상당한 시간이 걸리는 아이템인 만큼 일회성이나 이벤트성 홍보보다는 고객의 충성도를 높이는 방법으로 홍보를 하는 것이 보다 낫다. 실제로 개업 후, 이벤트성 홍보를 했다가 밀려오는 손님들을 제대로 응대하지 못해 오히려 사업장 운영에 악영향을 끼친 사례도 있다. 최근 지속되는 불경기로 수많은 사람들이 창업시장으로 뛰어 들어 경쟁을 가속화시켰다. 물론 그 사람들의 문제라기보다는 사회 시스템적인 문제가 더 컸던 것도 사실이다. 여전히 창업시장은 치열하고 성공했다는 자영업자는 드물다. 많은 연구보고서들에 따르면 창업자의 자질과 창업 준비 정도와 아이템에 대한 전문성, 기능적 능력 등이 부족했다고 한다. 결론적으로 말하면 진입장벽이 없는 시장에 차별성을 갖추지 못하고 뛰어든 사람이 너무 많은 까닭이다. 그래서 특히 외식업 시장은 대표적인 레드오션이라고들 한다. 그럼에도 불구하고 곱창·막창전문점은 시장에서 차별성을 갖고 있다. 많은 업종의 다양한 장애요소와 위험요소에도 불구하고 곱창·막창전문점은 가능성이 늘 있다. 마니아라고 불리는 이들의 수요는 꾸준하고 소문난 집은 여전히 발길이 끊이지 않는다. 그리고 유독 소문난 집이 많은 곳도 곱창·막창 전문점들이다. 창업 초기에 성장기를 이어가는 사이클이 상대적으로 긴만큼 준비과정의 시간과 노력이 요하는 아이템이기는 하다. 그러나 항시 수요가 있고 진입장벽을 갖춘 아이템인 만큼, 리스크를 제대로 관리할 수 있다면 안정화된 길 위에서 성장할 수 있는 아이템이다.

4. 성공 창업 전략

곱창·막창 전문점은 외식업 중에서도 진입장벽이 높은 편이고 마니아층을 형성하고 있어 창업 후 6개월 이상 꾸준히 운영하게 되면 향후 안정적인 자리매김을 할 수 있는 아이템이다. 그러나 그만큼 사업상의 리스크도 많은 편이어서 사업계획 수립 전에 반드시 다음 사항들을 체크해서 준비해야 한다.

1) 안정적인 매입처 및 인력의 확보

곱창·막창의 경우 연간 생산량이 한정적이다. 이 또한 설이나 추석 같은 명절에 생산량이 집중되는 경향이 있고 명절 직후에는 생산량이 급감하는 구조를 지니고 있다. 안정적인 매출을 우지하기 위해서는 이러한 불규칙한 물량 공급에 따른 대비가 되어 있어야 한다. 곱창의 유통시장은 수요차가 아니라 공급자가 주도적으로 이끌어 간다. 이때 공급선을 복수로 갖고 있다는 사실 자체가 공급처의 불신을 낳게 하는 경우가 되기도 하기 때문에 불필요한 오해를 피하고 공급선을 관리힐 수 있도록 특별히 신경을 써야 힌다. 또한 숙련된 인력을 확보해야 한다는 것이다. 곱창·막창의 맛을 결정하는 요소가 바로 육질과 그 안에서 분비되어 굳어진 곱이다. 곱창·막창 전문점의 경우 피크타임이 주로 저녁 7~8시 사이가 된다. 이때 다수의 손님이 내점할 경우 피크타임이 주로 저녁 7~8시 사이가 된다. 이때 다수의 손님이 내점할 경우, 종업원 1인이 다수의 테이블을 맡아 제대로 익을 수 있도록 곱창·막창을 뒤집고 잘라 주어야 한다. 만약 종업원이 숙련되어 있지 않을 경우 손님 테이블 1~2개를 관리하는데도 어려움을 겪게 된다. 그러므로 종업원이 서비스에 숙달 될 수 있도록 반드시 사전에 교육 및 훈련을 시켜야만 한다.

2) 철저한 원가관리

곱창·막창은 무게를 달아 판매하게 된다. 매입은 근(600g) 단위나 kg 단위로 매입하여 소비자에게 200g정도를 1인분으로 하여 판매하게 된다. 그런데 여기에 허수가 존재한다. 독산동, 가락동 등지의 공급처에서 1차로 손질한 내장의 경우 기름기가 많이 붙어있어 매입 후 2차 손질을 통해 기름기를 제거해야 한다. 예를 들면 600g을 1만원에 매입했다면 2차 손질을 통해 600g이 550g 정도로 줄어든다는 이야기이다. 곱창·막창은 장기 보존이 불가능하고 소비자 격을 즉각적으로 올릴 수 없는 상황에서 환경요인에 의한 원가상승은 사업주에게 치명적일 수밖에 없다. 따라서 곱창구이 전문점은 박리다매보다는 고품질 고가격 정책을 유지하는 것이 바람직하다. 고품질 고가격 정책을 통한 고객과의 신뢰 구축은 환경 변화에도 불구하고 꾸준한 방문율을 유지할 수 있는 비결이기 때문이다.

3) 철저한 품질관리

생물을 취급하는 아이템이 모두 마찬가지이지만 내장류도 공산품처럼 규격에 맞추어 생산된 것이 아니라 당일에 도축해서 나온 부산물인 까닭에 그날그날 부산물의 상태도 다르다. 그럼에도 불구하고 고객의 만족도를 유지하기 위해선 항상 일정한 수준의 품질이 지속되어야 한다. 곱창, 양깃머리를 연육하는 기술은 업소마다 다소간 차이가 있는 것으로 알려져 있다. 연육제를 사용하는 업체도 있기는 하나, 기본적으로 과일을 활용한 연육방법이 내장 고유의 식감을 살리는데 더 유용한 것으로 알려져 있다. 보통 업소에서 활용하는 방법은 배나 키위를 활용한 방법이다. 배나 키위를 갈아 손질한 내장에 재우는데, 업소가 추구하는 곱창·양 등의 식감에 맞추어 그 양을 조절하여 비율과 양을 계량화 하여야 한다.

III

곱창·막창 상품재료의 선택과 관리

1. 유통 관리 현황

1) 재료의 유통단계

곱창·막창의 유통단계가 많은 만큼 가격도 점점 올라간다. 산지 가격과 최종 소비자 가격을 비교해 보면 두 배에 육박한다.

1단계	2단계	3단계	4단계	5단계	6단계	7단계	8단계	9단계
농장	수집상	우시장	수집상	도축	가공	도매상	정육점	소비자

소고기는 도매상이 소를 도축하는 공판장에서 직접 경매로 사오는 경우가 대부분이다. 그러나 소 부산물의 유통단계는 더욱 복잡하다. 중간에 또 다른 브로커가 존재한다. 도축장과 도매상 사이에 중도메인 조합이라는 업체가 있다. 존재 이유의 명분은 부산물은 관리하기도 까다롭고 쉽게 상하기 때문에 누군가 인수해줄 중개인이 필요하기 때문이다. 소고기는 부위별 복잡한 가공이 필요하지만 부산물은 가공이 거의 필요 없다. 부산물 가공은 도매상(마장동, 독산동)에서 도매상인들의 정성에 의해 이뤄진다. 그들의 성실한 노력 때문에 가공된 곱창, 대창, 막창 등을 구입할 수 있다. 고기 부위별 정형과는 비교가 안 되는 부산물 해체를 하고 있는 도매상 직원들의 모습을 보면 이들의 유통단계에 있어야 하는 이유를 느낄 것이다. 부산물

도매시장 상인들도 도축상인들과의 이해관계가 얽혀있다. 일정 양의 원활한 수급을 위해 도매시장 상인들은 많게는 억 단위의 권리금을 도축시장에 예치하고 부산물을 공급받는다. 소고기는 진공포장만 정확히 하면 1달 이상 냉장 유통이 가능하지만, 부산물은 특성상 장시간 냉장보관도 안 될뿐더러, 관리 부분에서도 고기와는 비교가 안 된다. 이런 점을 보면 부산물은 리스크가 굉장히 크다. 그런데 그 리스크를 떠안는 쪽은 도매상(마장동, 독산동)이나, 소매상인 점을 고려하여 구입해야 한다.

2) 재료별 관리

① **곱창·막창 관리 및 보관**: 곱창·막창은 상하기 쉽기 때문에 항상 얼음과 함께 보관한다. 곱창·막창을 한 보씩 묶어 판매하는데 이 때 한 보가 소 한 마리에서 나오는 곱창의 양이다. 모든 소매업체에서 "좋은 것 좀 주세요(곱이 많고 두꺼운 것!)"라고 부탁한다. 도매상에서 특별히 어디 업체만 찍어서 좋은 곱창·막창만을 줄 수는 없다. 수요는 일정하지만 공급은 제각각이고 들어온 물량은 되도록 당일에 모두 팔아야 하기 때문이다. 부산물 도매상도 도축장에서 주는 물건 그대로 받아야 하므로 "좋은 곱창·막창 주세요!" 가

아닌, "내일 2보가 필요한데 물량 좀 맞춰주세요!" 라고 주문하는 것이 합리적인 요구다. 즉 물량을 맞춰줄 수 있는 곳, 비교적 기름 제거를 잘해주는 곳이 좋은 거래처라고 볼 수 있다.

② **소 간과 양**: 간은 비닐로 싸서 판매한다. 특히 간은 당일에만 사용하는 게 좋다. 일 매출이 300만원이 넘는다 하여도 간 한 개를 기의 사용하지 못한다. 곱창·막창 메뉴 자체도 호불호가 크지만, 간은 더하다. 행여 주말에 손님이 간을 찾으면 이렇게 설명하면 된다. "주말에는 도축을 하지 않습니다. 저희 가게는 간을 당일에만 사용하기 때문에 오늘은 없습니다. 평일에 오시면 늘 신선한 간이 준비되어 있습니다." 합리적인 설명이고 이에 반문할 손님은 단 한 명도 없을 것이다.

③ **벌집양과 처녑**: 벌집양 손질시 촘촘히 벌집처럼 모여 있는 부위 속에 이물질을 깨끗이 씻고 헹궈야 한다. 처녑도 날개를 한 개씩 뒤집으면서 군데군데 끼어있는 이물질을 깨끗이 씻어주고 먹기 좋게 잘라 천일염, 밀가루로 한번 깨끗하게 씻고 헹궈져야 한다. 곱창·막창전문점 운영이 쉽지 않은 가장 큰 이유는 물건이 어제 다르고 오늘이 다르기 때문이다. 이런 날이 비일비재하다. 어제는 곱창·막창

도 통통하고 비교적 곱도 가득 찼지만 오늘은 얇고 기름도 많고 곱도 없다. 그래서 곱창·막창전문점의 창업은 어렵다는 것이다. 때문에 처음부터 준비를 철저히 해야 한다. 연육을 할 때 기름에 튀기는지, 연육 후에 냉동(영하1도~3도)에 보관해야 하는지 등을 알 수 있고 막창, 대창, 특양, 간, 다른 부산물도 마찬가지다.

④ **부산물 관리**: 곱창·막창은 누구나 언제 어디서나 먹을 수 있는 음식이 아니다. 또한 곱창·막창의 질은 언제나 다르다. 가령 어제는 두껍고 곱도 많았지만 오늘은 못할 수도 있다. 수급도 일정하지 않다. 명절이 갓 지난 기간은 도축을 하지 않으므로 수급이 불안하다. 도축을 하지 않는 날은 당연히 간이 없다. 곱창·막창은 업종의 특성상 예기치 못한 많은 상황이 발생하기도 한다. 이런 소소한 분쟁을 해결하기 위해서는 최소한의 정확한 기초지식을 알고 있어야 한다. 아직도 고객들은 양(소 위)을 양(가축)으로 오해한다. 난데없이 화학약품으로 곱창·막창을 세척 하냐고도 묻는다. 곱이 무엇이냐고 고객이 물으면 종업원들은 정확히 대답하지 못하는 경우가 많다. 이러한 내용뿐만 아니라 고객이 궁금할 것 같은 모든 내용을 이해하는데 특별한 노력이 필요하지 않다고 생각한다. 그러나 실제로 대부분은 잘 모른다. 이럴 때 간단히 보충설명을 통해 식감의 특징과 함께

건강·영양과 곁들여 설명하면 고객들은 안심하고 더욱 신뢰하게 된다는 점에서 상품 지식을 익히고 설명해주면 고객 관리에 도움이 된다.

3) 영양관리

(1) 곱창·막창 연육과 곱

곱창·막창 전문점을 운영하면서 가장 고민스러운 부분은 두 가지, '연육'과 '곱'이다. 아이러니하게 연육과 곱에 고민하는 대부분의 점포는 장사가 잘 안 되는 경우가 많다. 즉 장사가 안 되니 고민을 하게 되는 것이다. 곱창과 막창이 질기고 곱이 없으니 장사가 안 된다고 믿는 것이다. 반은 맞고 반은 틀린 말이다. 장사가 잘되는 곳을 방문해보면 곱창이 부드럽고 곱이 넘치지 않는다. 만약 부드럽고 곱이 넘치면 오늘 운이 좋은 것일 수도 있고 혹은 생각했던 곱창·막창전문점을 방문한 경우 이다. 하지만 이런 곱창·막창전문점은 10개 중에 1개 2개이다. 나머지 8개 곱창·막창전문점은 대동소이다. 물론 2만원 넘어가는 곱창·막창전문점은 다르다. 특별히 부드럽지도 않고 특별히 곱이 많지도 않다는 것이다. 혹은 더 못할 수도 있다. 장사가 잘되는 이유를 무조건 연육과 곱으로 한정 지어서는 안 된다는 의미 이다. 곱창·막창은 선점이 가장 중요하다. 장사가 잘되는 곳을 보면 거의 선점한 업체이고 이들 업체는 대부분 수년간 영업을 하고 있는 곳이다. 처음 가본 고객들은 들어찬 고객들로 인해 이미 맛이 있을 거라 확증을 하고 방문한다. 많이 가본 고객들은 그 곳에서 먹는 곱창·막창이 정석이고 그게 맛있다고 판단을 한다. 다시 말해 곱창·막창은 선점을 해야 하고 오랫동안 해야 자리를 잡을 수 있다. 최근 몇 년간 출현하고 있는 저가 곱창·막창전문점은 분명 오래가지 못한다. 가격할인은 그때뿐이다. 예를 들어 12,000원이면 처음에는 저렴하게 느껴질지 모른다. 하지만 저렴함의 느낌은 금방 싸구려의 인식으로 바뀐다. 다시 말해 처음부터 가격 선정을 정확히 해야 한다. 12,000원에 판매하는 곱창·막창과 20,000원에 판매하는 곱창·막창의 원재료도 다를뿐더러 두 방법에서 다른 방법으로 바꿀 때에는 예기치 못한 일이 많이 생기기 때문이다. 즉 저렴한 재료로 저렴하게 판매하려면 가게를 옮길 때까지 저렴하게 팔아야 한다.

(2) 간단한 연육과 초벌

수소는 곱이 질기고 말 그대로 타이어 씹는 기분이다. 암소는 연육을 하지 않았는데도 매우 부드럽다. 일단 모든 곱창·막창은 초벌구이를 해야 덜 질기다. 또한 2일 이상 안전하게 보관하려면 초벌구이를 해야 한다. 이 초벌구이만으로도 충분히 부드러워질 수 있다. 단순 초벌구이만 할 때에는 응고된 소기름이나 곱창에 붙은 소기름으로 바삭바삭해질 때까지 익히면 된다. 곱도 마찬가지로 어떤 소는 많고 어떤 소는 없다. 육우(비거세우)는 곱창 자체가 두꺼우니 당연히 곱도 많다. 단순히 소곱창·막창에서 사용하는 용어로 한우는 육우보다 얇은 곱창을 말하며 육우는 한우보다 두꺼운 곱창을 말한다. 곱창 자체는 두껍지 않지만 꽉 찬 곱이 꿈틀거리면서 삐져나오는 모습을 봤을 때 고객은 감탄하고 환호한다. 즉 초벌구이를 통해 크기를 줄이고 두께를 줄이면 곱은 모이고 많아 보인다. 이를 두고 곱을 만든다는 표현을 쓰기도 한다. 이것이 바로 기름에 튀기는 방법이다. 기름으로 튀긴 다음 키위, 양파, 팽이버섯 연육을 하든하지 않든 간에 기름으로 튀겨야 곱창이 수축이 되고 흐트러져있는 곱이 모인다. 물론 단점이 있다. 70cm크기가 20~30cm로 줄어든다. 당연한 결과다. 70cm 크기를 20~30cm 로 크기나 두께를 줄였으니 곱은 많아지는 것이다. 그렇다면 양이 현저히 줄어들지만 어쩔 수 없다, 간혹 어떤 곱창·막창전문점은 일부로 생곱창을 주기도 한다. 이유는 세 가지이다. 첫째, 생곱창은 싱싱해 보인다. 그리고 둘째, 불판에 굽기 전에 원래 이 정도 크기라는 것을 미리 보여주는 것이다. 셋째, 이유는 일이 편해서다. 곱창이 들어오면 간단히 헹구고 불판에 올려주기만 하면 되는데 설명만 들어도 편하다는 것을 느낄 것이다. 이런 점포는 분명 맛은 보통이지만 선점이란 이유로 장사가 잘된다. 이런 방법을 쓰는 곱창·막창전문점이 서울, 경기에 있다. 곱창을 쓰면서 장사가 잘되는 점포가 있다. 장사가 잘되니 오히려 비싸게 판다. 그래서 근처에 있는 곱창·막창 주인은 더 놀랜다. 반면 단점도 있다.

2. 곱창·막창의 품질 관리와 메뉴 구성

1) 상품지식

상품 지식에 대한 내용을 보면 첫째, 한우와 국내산의 차이로 '국내산 한우'라는 말은 이치에 맞지 않는 말이다. 정확히 말하면 '국내산' 혹은 '한우'라고 해야 한다. 한우는 소의 순수 품종 즉 전통 한국소를 일컫는 말이며 국내산은 좀 더 포괄적인 의미를 담고 있다. 살아있는 외국소를 국내에 들여와 6개월 이상만 키우면 국내산으로 분류된다. 즉 국내산에는 외국 품종의 육우나 젖소도 포함되며, 육우나 젖소는 모두 순수 외국 품종이다. 그러나 보통 식당에서 한우라고만 하지 국내산으로만 표기하지는 않는다.

둘째, 도축시기로 소는 좋은 유전능력을 지니고 있으며 비육도 잘 되고 우수한 등급을 받을 확률이 높아진다. 한우는 보통 28개월에서 30개월 사이에 도축을 할 때 좋은 등급을 받을 확률이 높다. 최근에는 도축 전 초음파진단을 통해 근육 내 마블링 정도를 확인할 수 있어 사육방법을 바꾸거나 보다 정확한 출하시기를 지정할 수 있다.

셋째, 부드럽게 자르는 방법으로 소고기를 자를 때 섬유질이 직각이(결 반대) 되도록 잘라야 고기를 좀 더 부드럽게 맛볼 수 있다. 반면 고기를 섬유와 평형으로(결 방향) 자르게 되면 육질이 질겨지고 조리한 후 섬유가 수축되어 고기의 모양도 변하게 된다. 또한 차돌박이처럼 질긴 부위는 얇게 잘라야 한다. 그리고 소고기를 냉동실에 1번만(진공포장 상태) 냉동을 하면 세포 사이의 수분이 얼게 돼 소고기내 조직이 파괴되므로 고기의 육질을 연하게 하고 냄새도 줄일 수 있다. 소고기를 조리하기 전에 여러 가지 연육제를 사용하는 방법도 효과적이다. 조리 전에 식초로 씻어주거나, 요리 종류에 따라 키위, 파인애플, 팽이버섯, 화이트와인 등을 이용해 고기를 재우면(2시간 이상) 훨씬 부드러워진다.

넷째, 소고기 보관 방법으로 소고기 보관에 있어 가장 좋은 방법은 미트페이퍼로 감싼 후 진공포장 하는 것이다. 온도변화가 거의 없는 김치냉장고에 45일 이상까지 보관이 가능하지만 고기 초보 창업자는 진공포장 후 15일 이내에 사용하는 것이 바람직하다. 또한 보관 중에 숙성이 되므로 맛 또한 한결 좋아진다. 장시간 보관할 때에는 냉동보관 해야 한다. 냉동보관이라도 미트페이퍼로 감싸고 진공포장 후 보관하는 것이 좋다. 어떤 고기든 보관 시 온도편차가 크면(냉동 해동을 반복) 고기는 점점 질겨지고 풍미도 떨어져 고기 본래 맛을 느낄 수 없게 되므로 냉장이든 냉동이든 일정 온도를 유지할 수 있는 곳에 보관하는 게 좋다. 즉 소고기 전문점을 운영한다면 고기만 보관하는 냉장고를 따로 준비하는 게 좋다.(업소용 숙성 냉장고보다 가정용 김치냉장고가 훨씬 더 좋다.) 그리고 당장 (약 1시간 이내) 소고기를 사용할 예정이 아니라면 소고기를 겹쳐두는 것도 좋지 않다. 소고기를 겹쳐놓게 되면 짧은 시간에 갈변현상이 생기고 육즙도 증발한다. 고기 보관은 항상 비닐봉투에 각각 포장하여 밀봉시키고 스텐 밀폐용기에 보관하는 것이 가장 좋은 방법이다. 또한 냉동육을 해동 할 때는 냉장실로 옮겨 시간을 두고 서서히 해동하는 것이 좋다.

〈표12〉 부위별 보관 방법

부위	갈비살, 특수부위	등심	차돌박이
냉장에서 냉동으로(영하5도)	2시간 보관	3시간 보관	
냉동에서 냉장으로(영상0도)			1시간 보관

　소고기 갈변 현상과 원인에 있어 갈변현상은 고기 속의 미오글로빈 성분이 산소와 직접 결합하지 못해 공기와 닿는 부분부터 산화하기 때문에 갈변현상은 자연스럽다고 말할 수 있으나 시각적 효과에 부정적이다. 고기다운 색상인 빨간색이 가장 맛있게 느껴지는 색상이다. 고기를 진공 포장하게 되면 갈변현상을 막을 수 있고 포장을 뜯고 10분만 경과되면 점차 본래의 색으로 변하는 것을 볼 수 있다. 소고기의 갈변현상을 막는 방법은 공기 노출을 차단하는 방법 말고는 없다. 진공포장을 뜯은 고기는 되도록 빨리 사용하는 게 좋은데, 특히 부위가 작을수록 갈변현상이 빠르다. 예를 들어 갈비살이 등심보다 갈변이 빨리 나타나고 200g으로 자른 등심은 앞/뒤로 공기에 노출이 되므로 자르지 않은 부위보다 갈변이 빠르다. 갈변현상을 늦추는 방법은 비닐봉지에 밀봉 후 스텐 용기에 보관하는 방법이 가장 좋다. 갈변현상이 정상이라지만 보기에도 좋지 않고 갈변이 지속되면(공기노출이 많아지면) 냄새가 나는 경우도 있으므로 되도록 자른 고기는 빨리 사용하는 게 가장 좋은 방법이다.

2) 냉동육의 단점과 숙성방법

그렇다면 왜 얼린 고기는 맛이 없을까? 고기의 근육조직에서 수분은 -1도에서 얼기 시작하여 -5도에서 동결 가능한 수분의 80%, -30도에서는 90%가 동결된다. 이러한 육즙의 발생은 고기의 중량 감소를 가져올 뿐만 아니라 단백질, 비타민, 무기물 등이 함유되어 있기 때문에 영양 손실도 크다. 근육조직이 동결될 때 세포와 세포사이에는 빙결점이 형성되는데 -1도에서 -7도를 통과하는 시간이 길수록 빙결점의 크기가 커지며 빙결점이 클수록 해동 시 발생하는 육즙의 양은 많아지게 된다. 단순히 고기의 저장기간을 연장하기 위해 냉동을 하는 것이며, 도축 후 즉시 급속 냉동화하게 된다. 그러므로 사후 강직부터 해제까지의 시간이 긴 소고기의 경우 강직이 한창 진행 중일 때 냉동을 한 후 요리하여 먹을 때에는 고기가 질겨질 가능성이 농후하다. 도축 직후의 고기는 살아있을 때의 근육, 다시 말해 살아있는 근육과 같은 상태이다. 고기는 도축 후 시간 경과에 따라 고기가 굳어지는 강직생태에 들어가게 되며 이때의 고기는 질기고 풍미가 향상되지 않아 고기 본래의 맛을 느낄 수 없게 된다. 숙성에 의해 고기는 단백질 조직이 분해되어 연해지며 풍미가 증진되게 된다.

3) 곱창·막창의 관리

곱창·막창의 관리에 대한 내용을 보면 첫째, 곱창·막창의 기름 제거량으로 기름을 얼마나 제거했는지에 따라 도매상의 양심과 성의를 확인할 수 있다.

둘째, 곱창·막창 청결도로 곱창·막창은 도매상에서 어떻게 관리하는지에 따라 우리의 일도 달라진다. 일단 오래되지 않은 신선한 것이 좋다. 도매상도 그날 판매하지 못한 곱창·막창은 급속냉동을 시킨다.

4) 곱창·막창 메뉴구성

장사를 시작할 때 메뉴구성은 굉장히 중요하다. 장사가 잘되거나 또는 원재료 상승으로 인해 가격을 높이는 건 이상할 게 없지만 장사가 잘 안되서 가격을 낮추는 건 어색한 점이 많다. 누구나 느낄 수 있는 특별한 재료를 사용한다거나 차별화된 서비스를 하지 않는 한, 곱창이든 삼겹살이든 해당 상권의 평균 단가를 따르는 게 가장 무난한 방법이다.

곱창·막창의 Loss 율은 판매가격 상승에 큰 몫을 차지한다. 부산물 도매업체에서 1차 기름제거를 하고 들여오지만, 또 2차 기름제거를 해야 한다. 구입 무게에 기름도 포함되어있기 때문에 어떤 경우는 Loss율이 30%가 나오기도 한다. 직접 부산물을 운영하면서 곱창·막창전문점을 운영하지 않는 한, 항상 질 좋은 곱창·막창을 수급 받기란 불가능하다. 구이용 A급 곱창·막창의 공급은 한정되어있고 모든 수요자는 질 좋은 곱창·막창을 원하기 때문에 좋은 곱창·막창은 물량이 딸리기 마련이다. 예를 들어 부산물 도매업체에 질 좋은 곱창·막창만을 끈질기게 고집한다면 도매업체에서 거래를 먼저 끊자고 할 것이다.

   서울 마장동이나 독산동의 부산물 가격은 거의 동일하다. 다만 질에 차이가 있을 수 있다. 1차 작업 기름 제거량이나 냉동인지 Fresh인지(보통 '후레쉬'라고 한다) 차이다. 도축소의 구이용 곱창·막창 추출은 절반 이하이다. 구이용으로 사용하지 못한 곱창·막창은 전골용으로 쓰인다.

3. 메뉴 및 재료의 관리와 손질

1) 막창

창(홍창)은 소의 네 번째 위를 말한다. 막창은 구워 먹으면 쫄깃한 맛과 구수한 감칠맛을 음미할 수 있다. 막창을 이루고 있는 콜라겐 조직이 부드럽고 질기지 않기 때문이다. 소의 제4위에서 소화효소가 분비되는데, 막창은 소화효소의 분해 작용이 뛰어나 위벽보호, 알코올 분해, 소화촉진에 도움을 준다. 또한 막창은 높은 칼슘 함유량으로 성인들의 골다공증 및 골연화증 예방에도 큰 효과가 있는 것으로 알려져 있다.

2) 대창

대창은 소의 큰창자를 말한다. 대창은 둥그렇게 말린 나선원반형으로 길이는 약 40~50cm 정도이다. 모든 부산물은 실온에 둘 때에 신선도 유지를 위해 얼음을 부어줘야 한다. 대창은 1차로 기름을 제거하고 나무 꼬쟁이로 뒤집어 까놓은 것들이다. 즉 보이는 부분이 원래 안쪽 지방으로 글리세롤과 지방산이 결합되어 있는 구조이다.

이론적 논리라면 포화지방과 불포화 지방을 적절히 섭취해야 좋지만, 소기름을 먹는 것은 좋지 않다. 따지면 마블링도 소기름이다. 어이없게 많은 국가들이 아직도 마블링으로 등급을 매긴다. 특히 소대창을 먹을 때에는 체내에 흡수가 잘 되도록 부추와 대파 김치(굽지 않고 생으로)를 같이 먹는 것이 좋다. 가끔 대창 안에 있는 기름을 곱으로 오해하는 고객이 있으며, 대창 안에 있는 게 뭐냐고 묻는 경우도 있다. 참 난해하다. 소기름이라고 쉽게 말을 하지 못하는 것은 당연하다. 좋지 않은 것을 팔고 있다고 자인하는 것이 되기 때문이다.

대창 손질은 대창 중간 부분을 잡고 온 수세미로 대창을 감싸 미끈미끈한 액체를 제거한다. 대창 끝부분에(사진)삐져나온 기름은 가위로 제거해 준다. 용기에 물기를 빼고 밀가루 1컵(종이컵) 붓고 살살 버무려 준다. 10분 후 5번 이상 행군다. 대창을 약 12cm 3개 1인분, 혹은 17cm 2개 1인분 간격으로 자른다. 그날 손질에 사용한 수세미는 설거지용으로 쓰고 다시 손질할 때에는 늘 새 수세미를 사용해야 한다. 액을 제거 후 깨끗한 찬물에 5번 정도 헹궈준다. 소쿠리에 받쳐 대창에 묻어있는 물기를 완전히 빼준다. 물기가 전혀 없는 용기에 프로찜 50g, 황설탕 30g을 넣는다. 6~6.8kg의 대창을 프로찜과 설탕이 골고루 배이도록 잘 섞어준다. 타이머 1시간을 맞추고 냉장고에 보관한다. 손질한 대창을 냉동보관 시에는 되도록 일자로 펴서 보관하는 게 좋다. 엉킨 상태에서 그대로 얼면 나중에 해동할 때 모양도 보기 싫고 해동 시간도 길다. 모든 부산물은 손질 후 구입한 부산물의 양과 손질한 부산물의 양을 비교해야 한다. 10근을 구입했더라도 전부 판매할 수 있는 양이 나오지는 않는다. 구입한 양과 판매할 수 있는 양이 거의 일치하도록 항상 의식해야 한다.

3) 특양

특양은 500UP, 700UP, 900UP으로 나뉜다. 소 한 마리에서 나오는 첫 번째 위의 무게이다. 500UP은 얇고 질기다. 900UP이 가장 좋지만 소곱창 전문점에서 판매하기에 비싸고 판매 단가가 맞지 않다. 특양은 손질된 제품을 구입하는 게 좋다. 가격은 손질된 특양이 kg당 1,000원 더 비싸다. 손질되지 않은 특양은 멧돼지 뒷다리마냥 껍질이 있고 냉동 상태로 온다. 단지 껍질을 기계로 제거한 것인지 제거하지 않은 것인지의 차이일 뿐이다. 껍질이 있는 특양은 다른 부산물과 마찬가지로 찬물에 5시간 이상 해동한 후 껍질을 벗기면 된다. 손질 된 특양을 구입해야 하는 이유는 껍질을 벗기는 시간과 비용이 아깝기도 하고 껍질을 벗기면서 살점까지 같이 떨어져 나가는 경우가 다반사이기 때문이다. 소곱창 1차 표피를 벗기는 것만큼 성가신 작업이다. 껍질을 벗길 때에는 특양 끝부분의 껍질을 살짝 벗겨 결대로 천천히 벗겨야 살점이 떨어지는 것을 막을 수 있다.

특양은 기계로 제거하다 남은 껍질밖에 없다. 비교적 다른 부산물에 비해 손질도 편하고 깨끗하다. 특양을 해동한 후 손질 전에 밀가루(1 종이컵)로 바로 버무려 냄새를 제거해 준 다음 손질하는 게 편하다. 깊이 2/3 정도 사선을 먼저 내주고 1인분 200g, 100g 2개 즉 1개당 100씩 자르면 된다. 칼집을 내는 이유는 먹음직스럽게 시각적인 효과와 양념을 잘 배게 하고 직원이 고객 앞에서 칼집대로 쉽게 잘라줄 수 있도록 하는 까닭도 있다. 칼집을 내기 전에 가위로 남아있는 껍질을 깨끗하게 제거해야 한다. 남아있는 껍질은 초벌구이 시 녹지도 않는다. 비교적 비싼 특양을 먹으면서 껍질을 보면 음식 맛이 달아날 수도 있기 때문에 꼼꼼히 확인해야 한다. 특양 끝 부분이 두툼하고 중간 부분은 얇다. 특양을 손질한 후 자를 때 7등분으로 자르다 보면 어느 부분은 100g이 넘고 또 어떤 부분은 100g에 못 미치는 것도 있다. 특양 1인분에 2덩어리이니 두꺼운 부분과 얇은 부분 2덩어리를 합해서 200g이 조금 넘게 나가도록 상기하면서 절단해야 한다. 절단한 특양을 전자저울에 올려 크기대비 무게의 감을 이해하는 것 또한 중요하다.

특양 뒷면을 보면 기름이 덕지덕지 붙어있다. 큰 기름은 손으로 제거하고 얇게 붙어있는 기름은 가위로 제거해야 한다. 기름은 초벌구이를 할 때 거의 사라지기 때문에 굳이 가위로 꼼꼼히 제거할 필요는 없다. 다만 이물질이 있는 부위는 손으로 깨끗하게 제거해야 한다. 앞뒤 손질이 끝나면 볼에 밀가루 1종이컵을 넣고 특양을 넣어 부드럽게 버무려 준다. 약 10분 후에 깨끗하게 헹군다. 물기를 대충 제거 후 사선으로 칼집을 내고 대략 한 덩이리 당 100~110g씩 자른다. 특양을 깨끗하게 헹구고 손으로 털어서 물기를 빼준 다음 소쿠리에 20분가량 받쳐 남은 물기를 완전히 빼주고 중간 중간에 소쿠리로 고여 있는 물기 또한 빼준다.

양념은 프로찜으로 연육한 다음 1시간 후 특양에 양/대창 소스를 붓는다. 잠길 듯 말 듯 소스를 부어주고 컷 고춧가루가 부족해 보이면(시각적 데코) 고춧가루만 따로 흩어 뿌려주는 게 좋다. 소스를 붓고 양념이 잘 베이도록 용기를 몇 번 흔들어 준 다음 냉동보관은 영하 1~3에서 보관한다. 양/대창 프로찜 연육시간은 1시간이며 양/대창에 소스를 붓고 달달한 맛이 배이는 시간은 최소 3시간이다. 시간을 넉넉히 잡고 양/대창에 소스를 붓고 양념이 알맞게 배인 최적의 시간은 10~15시간이며 소스를 붓고 15시간이 지나면 용기에 남은 소스는 버려야 한다. 양/대창 소스에 첨가하는 컷 고춧가루는 양념

맛에 영향을 주지 않는다. 단지 맛있게 보이는 시각적인 역할만 할 뿐이다. 소스를 버리면서 컷 고춧가루가 부족해 보이면 따로 조금 넣어주는 것도 좋다. 또한 초벌구이 시 프라이팬에 남아있는 컷 고춧가루를 양/대창 위에 얹혀주면 시각적 효과는 더 좋아진다.

4) 갈비살

주문한 갈비살이 오면 3덩어리를 제외한 나머지는 냉동보관 시킨다. 실온에 10분 정도 해동 후 비닐 포장을 뜯고 각각 덩어리로 나누고 비계를 위쪽으로, 즉 눈에 보이게 도마에 놓는다. 비계 끝 부분부터 서서히 제거한다. 간혹 고기를 물에 해동하는 사람도 있는데, 진공포장이 되어있다 하더라도 고기는 물에 해동하는 것이 아니다. 특히 저렴한 전자레인지가 아닌 오븐은 다를 수 있다. 급할 경우에만 전자레인지를 사용해야 하며 냉동된 육류나 수산물은 5°C 이하에서 해동시키는 게 좋다. 정확한 해동 타이밍이 넘어가면 갈비살이 익어버리므로 전자레인지에 미리 테스트를 해보는 것이 좋다.

(Loss 20~30%) 대략 1시 방향에서 7시 방향으로 결이 나있다. 갈비살을 자를 때에는 10시 방향에서 5시 방향으로 결 반대 방향(십자 방향)으로 자르면 된다.

5) 곱창

곱창도 즉시 작업하지 않을 때에는 찬물에 담가놓는 게 좋다. 자른 부분부터 70cm 정도 1인분씩 만들어 가면 된다. 왼손으로 곱창을 들고 오른손은 가위를 잡고 가위 끝으로 곱창을 들면서 70cm씩 들어준다.

70cm (1인분 180g) 간격으로 자른 곱창은 빨리 작업을 해야 한다. 실온에 오래 놔두면 신선도가 떨어지고 곱은 계속 흘러나오는데 수돗물을 약하게 틀어 곱창 속의 간간히 남은 이물질을 제거해 준다.

또한 통마늘을 구입할 때 세로로 길고 통통한 마늘이 아닌 원형으로 통통한 것을 구입해야 한다. 통마늘 구입 시 5kg 정도 넉넉히 구입해 밑 부분을 미리 잘라놓는다. 곱창의 양 끝에 마늘을 박을 때 7cm 이상 밀어 넣는다.(5cm 이하로 마늘을 박으면 초벌구이 즉 튀길 때 마늘이 밀려 빠져 곱이 질질 흐른다.) 기름에 튀길 때 마늘이 빠지면 곱도 흐르지만 기름이 금방 혼탁해 지고 곱창이 겉만 타게 된다. 곱창 내부를 수돗물에 헹군 다음 물을 빼고 소쿠리나 쟁반에 놓을 때 U자 모양으로 놓이야 마늘을 빨리 끼울 수 있다. U자 모양으로 곱창을 놓고 오른손에 마늘을 5개 이상 잡고 왼손으로 곱창의 끝을 벌리고 오른손으로 마늘을 주입하면 속도가 빠르다. 마늘을 주입할 때 한쪽부터 모두 끼우고 반대쪽에 끼우면 좀 더 쉽게 주입할 수 있다. 기름에 초벌구이 시 집게로 곱창을 들고 마늘이 양쪽에 다 박혔는지 확인해야 한다.

초벌구이 전 기름제거는 주문한 곱창이 왔을 때 70cm 간격으로 자르기 전에 먼저 해야 한다. 기름제거를 하고 스텐 쟁반에 곱창을 촘촘히 놓는다. 연육 후 냉동실에 보관하기 때문에 기름 제거 후 쟁반에 놓을 때 꼬인 부분을 풀어주고 가지런히 놓아야 한다. 양파 1개, 팽이버섯 1/3개, 키위 3개를 믹서기에 갈아준다. 연육할 때 사용하는 붓은 털이 빠지지 않는 붓을 사용해야 한다. 연육제를 바를 때 곱창의 등을 먼저 바르고 곱창 사이사이 옆 부분도 발라주자. 곱창 밑에 남아있는 기름은 초벌구이 연육제를 많이 바를수록 부드러움의 감도는 높다. 너무 많이 바르면 바를수록 부드러움의 강도는 높다. 너무 많이 바르면 초벌구이 시 집게로 곱창을 잡았을 때 곱창이 잘리고 끊어질 정도로 흐물거리고 타기 쉬우므로 적당히 발라야 한다. 쟁반 그대로 비닐봉투에 넣어 밀폐시킨 다음 냉동보관 후 주문이 들어오면 쟁반에서 주문 양에 맞게 꺼내 간단히 초벌구이를 하고 손님상에게 나가면 된다. 양파 1개, 팽이버섯 1/3개, 키위 3개는 이들의 비율이다. 즉 곱창의 양과는 무관하다. 곱창에 얼마만큼 바르냐에 따라 다르기 때문이다. 다만 기준은 (한우 1보=양파1개, 팽이버섯 1/3, 키위 3개 24시간)이다. 오픈 전에 한우 곱창 10줄은 어느 정도의 양, 또 10줄은 어느 정도의 양을 발라봐야 한다. 연육제를 바르고 최소 24시간은 지나야 부드러움을 느낄 수 있다. 많이 바르면 더 짧은 시간으로도 부드러울 수 있기 때문이다. 즉 적당히 바른 후 24시간을 말한다. 나머지 연육 방법도 마찬가지다. 직접 해봐야 감을 느낄 수 있다.

똑같은 무게, 똑같은 길이를 가진 곱창이라도 표피를 벗기면 두께도 줄어들고 크기도 줄어든다. 물론 벗긴 껍질의 무게는 가볍고 의미도 없다. 문제는 표피를 벗긴 다음 초벌구이를 할 때 곱창이 줄어든다. 곱창의 표피가 곱창을 탄력 있게 해주는 역할을 하는데 이 표피가 없어지니 당연히 쪼그라드는 것이다. 사실 가장 좋은 연육 방법은 첫 번째 표피만 벗기고 연육 하는 것이다. 하지만 한 개의 표피만 벗기기란 굉장히 어렵다. 모습이 흉하고 거의 절반 크기로 줄어든다. 만약 갑자기 손님이 몰려와 연육한 곱창이 다 떨어졌다면 생곱창의 표피를 모두 벗기고 초벌구이만(기름으로 튀기는 것이 아닌 프라이팬으로) 하고 손님상에 나가도 크게 질기지 않는다. 가장 편한 방법은 벗기지 않은 것으로 튀겨서 연육 하는 것으로, 가장 쉽고 효율적이다.

6) 부산물(처녑,간,염통,비장)

① **처녑**: 처녑은 천 장의 잎사귀가 붙어있다는 천엽에서 비롯된 말이다. 백엽 이라고도 한다. 많은 엽상의 검은 판이 겹겹이 있는 것이 특징이다. 소의 4개의 위 양, 벌집, 처녑, 막창 중에 처녑은 수분이 약 85%를 이루고, 지방이 거의 없고 대부분 근육질이다. 처녑도, 천엽도, 표준말로 인정되며, 다른 말로 잎사귀머리라고 불리기도 한다. 오랜 시간 삶거나 익혀도 꼬들한 식감을 유지하는 부위다. 소곱창집 에서만 기름장에 찍어 먹는 생처녑을 만날 수 있다. 경기도 외곽에 있는 선지해장국, 냉장탕 전문점들은 국물요리에도 처녑을 사용하기도 한다. 가끔 냄새가 심하게 독한 처녑도 있다. 냄새가 지독한 처녑은 뜨거운 물에 살짝 데친 후 소금으로 문지르고 밀가루에 30분 정도 담가놓도록 하자. 조기 좋은 떡이 먹기도 좋다고 처녑도 어두운 회색보다 밝은 회색이 좋다.

처녑을 자를 때 가로 1cm 세로 3~6cm 정도 크기로 자른 다음 날개부분 쪽 세로로 3~4등분을 자르고 다시 자른 부위를 가로로 자르면 먹기 좋은 사이즈로 잘린다. 물로 대충 헹군 다음 밀가루 1컵을 넣고 박박 문지른 후 10분 뒤에 5번 이상 헹군다.

② **간**: 간을 주문할 때 한 개보다 1/2개를 구입하는 게 좋다. 일매출 200만 원이 넘어도 간 1개를 거의 사용하지 않는다. 간, 염통, 처녑은 그때그때 소량으로 구입하는 게 좋다. 곱창집을 운영하면서 식재료 중에 간은 특별하다. 상하기 쉽고 상하지 않더라도 색이 변해서 버려야 하는 경우도 있다. 간혹 겹간을 애절하게 원하는 손님이 있다.

③ **염통**: 염통은 순 우리말로 '심장' 이라고 하며 소 한 마리당 약 2.5kg 정도 생산된다. 염통을 4등분 시킨 후 보기 좋고 먹기 좋게 자른다.

염통은 메인 메뉴가 익기 전에 술과 함께 먼저 먹는 안주이다. 특히 어린아이들이 염통을 좋아한다. 염통을 초벌 할 때 양념을 염통에 직접 뿌리는 것보다, 양념이 스며든 기름에 염통을 굽는 게 더 좋다.

④ **비장(지라)**: 비장(지라)은 고 단백질에 철분함량이 매우 높다. 빈혈에 매우 뛰어난 효과가 있다고 알려져 있다. 대개 생으로 먹지만 삶아서 소금쟁이나 간장에 찌어먹을 수도 있다. 지라는 간보다 냄새가 덜하고 차진 맛이 간보다 더 낫다.

IV

곱창·막창 우수브랜드의 성공전략

1. 곱창·막창 리딩브랜드의 성공전략

1) 신선함과 특제소스로 무장한 젊은 곱창 〈곱창 이야기〉

12년 전까지만 해도 많은 사람들이 소곱창을 혐오식품으로 인식했다. 주 소비층은 40대 이상의 중년남성에 거의 한정돼 있었다. 하지만 어느새 트렌드가 바뀌면서 소곱창에 대한 인식이 많이 달라졌고, 지금은 어딜가나 쉽게 곱창전문점을 발견할 수 있을만큼 대중화가 이루어졌다. 곱창은 성·비수기가 없이 꾸준히 사랑받는 음식이기에 앞으로도 유망하다. 소곱창구이전문점 〈곱창이야기〉 대표는 개인 매장으로 곱창전문점을 시작해 그 경력만해도 벌써 12년차다. 그저 곱창을 좋아해서 곱창전문점을 시작했다는 이곳 대표는 그 세월만큼이나 잔뼈가 굵다. 지금의 〈곱창이야기〉는 4년 전 연 가양점이 모태가 됐다. 이후 발산동으로 옮기면서 현재는 발산점이 1호점이자 본점이다. 〈곱창이야기〉는 당일 도축한 신선한 한우소곱창, 이곳 대표만의 비법이 담긴 맛과 노하우로 20~30대 젊은 고객들에게 큰 호응을 얻었다. 이는 자연스럽게 빗발치는 창업문의로 이어져 12년 초 가맹 1호점인 부천 상동점을 오픈하기에 이르렀고, 이를 기점으로 프랜차이즈 사업을 펼치기 시작했다.

소곱창전문점에서 가장 중요한 것은 양질의 곱창을 얼마만큼 지속적으로 공급받을 수 있는지에 달려있다. 〈곱창이야기〉는 마장동 대형 축산업체와 계약을 맺고 당일 도축한 최고의 한우 소곱창을 지속적으로 공급받고 있다. 따라서 보통 비싸다고 인식되던 소곱창을 고객들에게 합리적인 가격에 제공함으로써 경쟁업체 비해 우위를 지니게 된 것이다.

본사 물류팀은 공급받은 생곱창에 대해 철저한 물류 감사, 식재료 검수를 시행하고 보관 상태를 확인하는 등 지속적인 관리를 한다. 각 점포에 공급된 생곱창은 5가지 과일과 채소를 갈아서 만든 소스로 1~2시간 정도의 연육 과정을 거친다. 곱창 조리시에는 마가루와 7가지 곡물을 뿌려 잡내를 제거하면서 영양 균형까지 맞춰 그 고소함이 배가 된다. 또 마늘을 염지해 갈아서 한약재 등으로 만든 특제 소스는 〈곱창이야기〉만의 특별비법. 또 초벌구이하는 공간을 안쪽 주방이 아닌 매장 앞쪽에 배치해 고객들이 보는 즐거움까지 더했다. 〈곱창이야기〉는 20~30대 고객이 전체의 90% 이상을 차지할 만큼 젊은 층의 선호도가 높다. 여기에는 캐주얼하면서도 군더더기 없는 편안한 인테리어도 한 몫 한다.

〈곱창이야기〉는 20평에서 30평 규모의 매장을 지향한다. 업종의 특성상 규모가 지나치게 커도 고객을 유인하는데 도움이 되지 않는다는 게 박대표의 생각. 창업비용은 1억원에서 1억 5000만원 정도로 저렴한 편이며, 초기 가맹비 외에는 로열티 등 추가적으로 발생하는 비용이 없다는 것 또한 장점이다.

'곱창이야기'에서 느낄 수 있는 독특한 맛의 소스는 경쟁력 있는 아이템 성공으로 호평을 받고 있다. 줄을 서서 기다렸다 먹을 정도로 인기가 끊이지 않는 '곱창이야기'는 모듬곱창, 곱창, 막창, 대창, 염통을 개인의 입맛이나 취향에 따라 다양한 메뉴를 푸짐하게 즐겨먹을 수 있는 것이 큰 장점이다. '곱창이야기'의 대표메뉴 한우소곱창은 곱창의 육질과 씹을 때 마다 느낄 수 있는 곱의 고소함이 포인트이다. 대창은 야들야들하게 속이 꽉 채워져 씹는 맛의 감촉을 제대로 맛 볼 수 있으며 막창은 쫄깃쫄깃하고 먹어도 질리지 않는 맛이 일품이다.

또한 곱창, 막창, 대창, 염통을 한번에 맛보고 싶다면 모듬곱창을 주문하면 된다. 마지막으로 곱창하면 절대 빠질 수 없는 볶음밥까지 준비되어 있어 다양한 메뉴를 접할 수 있다. 다양한 메뉴와 함께 고객들의 입맛을 사로잡은 특별한 맛의 소스 비법을 살펴보면 마가루와 7가지의 곡물가루를 뿌리고 특제소스에 곁들어진 부추와 곱창으로 일품의 맛을 만들어낸다. 새콤달콤하면서 고소한 과 어우러진 하얀 소스가루는 고객들에게 신선함을 전하며 '곱창이야기' 인기비

곁에 가장 큰 비중을 차지한다. 맛뿐만 아니라 효능까지 갖추고 있는 곱창은 높은 단백질에 콜레스테롤은 적기 때문에 소화촉진이나 알코올 분해에 탁월한 효과를 본다. 또한 야채나 부추로 비타민 섭취가 가능해 느끼한 맛을 제거해 주기 때문에 곱창의 맛을 한층 더 깊이 느낄 수 있다. 저지방 고단백 음식으로 건강도 챙기고 고소하고 담백한 맛까지 즐겨 먹을 수 있는 '곱창이야기'는 신선한 아이템으로 승승장구하며 체계적인 본사 지원으로 더욱 탄탄한 경쟁력을 확보하고 있다.

〈표13〉 곱창이야기 수익성

구분	15평(49.5m)	30평(99.1m)
테이블수	일일 2회 기준 테이블수X테이블단가40,000 ▶360,000X2회 ▶720,000	일일 2회 기준 테이블수18X테이블단가40,000 ▶720,000X2회 ▶1,440,000
예상매출	일일 2회 기준 테이블수X테이블단가40,000 ▶360,000X2회 ▶720,000	일일 2회 기준 테이블수18X테이블단가40,000 ▶720,000X2회 ▶1,440,000
예상월매출	영업일30X일매출→ 21,600,000	영업일수30X일매출→43,200,000

<표14> 곱창이야기 창업비용

구분	15평	30평	내용
월매출	21,600,000	43,200,000	
매출원가	8,610,000	17,280,000	원재료+식자재+주류+야채류
건물임대료	2,600,000	4,000,000	임대료/관리비
인건비	4,000,000	7,000,000	15평 주방1 홀2 4,000,000 30평 주방1 홀4 7,000,000
전기,가스 공과금	1,000,000	2,000,000	전기,수도,가스,공과금 등
잡비	500,000	1,000,000	기타 소모품 및 식대
소계	16,140,000	31,280,000	
영업이익	5,460,000	11,920,000	원매출-지출경비(소계)

2) 38년 전통 황토구이 곱창 〈안경할머니곱창〉

현재 38년 전통의 안경할머니 곱창을 대한민국의 맛집으로 만들어 가고 있는 사람은 바로 할머니의 사위 F&C 매니지먼트 대표이다. 안경할머니 곱창이 왕십리에 자리를 잡게 된 때는 1973년. 그 때 할머니는 헌 군복 천으로 학생 모자를 만들어 파는 일을 했는데 군복을 사러 남대문 시장을 오가다 봐 두었던 곱창을 사서 노점에서 사과궤짝을 놓고 구워 팔기 시작한 것이 시초였고, 그 뒤 할머니의 곱창이 인기를 끌자 주위로 곱창구이 노점상들이 하나 둘 모여들게 되어 곱창골목이 형성되고 현재까지 이르게 됐다. 그야말로 할머니는 이 골목의 터줏대감이자 자타가 공인하는 확실한 원조인 것이다. 이곳 F&C 매니지먼트 대표는 40여년 동안 고집으로 지켜온 맛을 왕십리 골목뿐만 아닌 전국, 전 세계로 널리 알릴 준비를 마치고 안경할머니 체인을 모집하고 있다. 맛을 위해 묵묵히 자신과의 약속을 지킬 수 있는 분들과 함께 일하고 싶다며 전통을 계승 발전시켜 나갈 것임을 강조한다.

〈안경할머니곱창〉은 신선한 100% 국내산 곱창과 막창만을 사용해 더욱 믿고 먹을 수 있다. 뿐만 아니라 김영례 할머니의 40여년 노하우가 깃든 양념 맛은 〈안경할머니〉곱창이 인기를 얻는 일등공신이다. 18가지 재료가 들어간 특제 양념소스와 갖가지 야채가 어우러져 연탄불로 구워낸 막창양념구이는 매콤하면서도 달콤한 특유의 맛으로 어른들은 물론 아이들에게도 인기다. 또 각종 채소와 당면을 곁들이고 20여가지의 갖은 양념으로 버무려 볶아낸 맛깔스런 야채곱장 또한 인기메뉴다. 따라서 황학동 본점의 명성을 기억하는 중·장년층 단골고객들은 물론 20~30대 젊은 층의 입맛까지 모두 만족시켜 그야말로 구세대와 신세대를 모두 포괄하는 새로운 공감대를 형성하고 있다. 현재 〈안경할머니곱창〉 마포점을 운영하고 있는 신현일 점장은 본사에서 초벌을 해서 제공되기 때문에 점포에서는 재벌만 하면 돼 점주 입장에서는 조리가 간편하고, 고객 입장에서는 더욱 맛있는 막창을 즐길 수 있어 좋다. 특히 포장 판매도 하고 있어 싱글족 들에게도 인기만점이라고 말한다.

본사에서는 곱창과 막창, 그리고 소스를 제공하고 나머지 재료들은 자율수급에 맡기므로 물류비 부담도 덜하다.

한편F&C매니지먼트는 자체 온라인숍을 통해 돈막창양념구이와 돈막창소금구이 등을 성황리에 판매중이다. 매장을 찾지 않더라도 가정에서도 간편하게 〈안경할머니곱창〉의 특별한 맛을 즐길 수 있게 한 이 즉석막창은 각종 박람회 등에서 선보이며 품절사태를 빚기도 했을 정도로 인기몰이를 하고 있다.

또 앞으로도 위생적이고 표준화된 식자재를 제공하고 본사의 매입 능력을 확대해 가맹점의 물류비 부담을 절감해 나갈 것이다. 뿐만 아니라 해외 주요 식품 및 프랜차이즈 박람회에 참가하고 미국, 일본, 동남아 등으로의 진출도 모색하는 등 해외진출에도 박차를 가할 것이다.

3) 서민을 위한 소자본 창업 〈앗싸! 곱창〉

〈앗싸! 곱창〉은 처음부터 맛집으로 이름을 떨친 것은 아니었다.

당시, 시장조사도 제대로 하지 않고 남의 말만 믿고 문을 열었던 첫 번째 곱창집에서 5개월 가까이 실패의 쓴 잔만을 마셔야했다. 그러다가 안되겠다 싶어, 곱창이 맛있기로 소문난 집들을 한 달 동안 벤치마킹하기 시작했다. 양념도 직접 만들지 않고 구매해서 사용했는데, 그때부터 다시 맛을 새로 연구하고 소스개발에 들어갔다. 의정부 민락동에서 현재 가능역 인근으로 가게로 옮겼다. 당시는 이곳이 버스종점이라 유동인구가 매우 많았다. 점포 입지와 맛을 개선해 1년 정도 운영하다 보니 택시나 버스기사, 주부들로부터 맛있다는 입소문이 나기 시작했다. 그렇게 입소문이 나고 오픈한 지 3년 뒤, 2002년부터 가족이나 친인척, 친구들에 의해 가맹점이 하나 둘 생겨나기 시작했다. 양념도 직접 만들지 않고 구매해서 사용했는데, 그때부터 다시 맛을 새로 연구하고 소스개발에 들어갔다. 의정부 민락동에서 현재 가능역 인근으로 가게도 옮겼다. 당시는 이곳이 버스종점이라 유동인구가 매우 많았다. 점포 입지와 맛을 개선해 1년 정도 운영하다 보니 택시나 버스기사, 주부들로부터 맛있다는 입소문이 나기 시작했다. 그렇게 입소문이 나고 오픈한 지 3년 뒤, 2002년부터 가족이나 친인척, 친구들에 의해 가맹점이 하나 둘 생겨나기 시작했다. 대부분이 지인이나 손님으로 왔던 고객들이 맛을 보고 점포를 개점한 사례다. 가맹점이 늘어나자 〈앗싸! 곱창〉의 제품만 취급하는 유통회사도 생겨나 공장에서 손질, 가공해 13kg씩 팩을 납품하며, 본사는 소스만 납품한다. 이곳은 고객의 70%가 여성이다. 오후 4시에 문을 열면 교복을 입은 학생들부터 6시 이후에는 대학생, 직장인, 여성고객이 많고 9시 이후에는 2, 3차를 즐기는 고객층으로 다양하게 구성돼있다.

〈앗싸! 곱창〉 의정부 직영점은 워낙 유명세를 타서인지, 하루 200~300명의 고객들이 찾는다. 곱창은 대중적인 음식이 아니다 보니, 마니아층이 주로 찾고 있으며, 유난히 단골고객이 두드러진 것도 특징이다. 최근엔 가맹점이 서울에도 많이 생겼지만, 과거에는 서울에서 직장인들이 입소문을 듣고 의정부까지 찾아오는 사례들도 많았다. 돼지곱창은 특유의 냄새가 심해 밀가루와 소금, 물로 씻어 깨끗한 물이 나올 때까지는 10가지 각종 채소를 갈아 배합하는데, 고추장을 쓰지 않고 고춧가루만을 사용한다. 그래야 텁텁하지 않고 깔끔한 소스맛을 낼 수 있기 때문이다. 대표는 가맹점 모집을 무리하게 확장하기 위한 영업은 하지 않는다. 예비창업자가 원하는 경우에만 점포를 내주는데, 가장 첫 번째로 보는 것이 '인상'이다. 서비스업을 할 만한 사람인지, 상담을 통해 타진하는 것이다. 그리고 나서 다른 곱창 프렌차이즈 브랜드를 많이 보고 오라고 조언한다. 예비창업자가 충분히 비교, 분석해서 후회 없는 가맹점을 운영할 수 있게 하기 위함이다.

　이 외에도 점포 전개를 하는 데 있어서 가장 먼저 지키는 것은 상권 보호다. 모든 가맹점주가 한 가족이다. 때문에 영업을 하는 데 있어서 필요한 운영 노하우나 맛을 내는 모든 비법을 지원하고 교육한다. 처음에 10일 정도 교육하며, 그때그때 어려움이 있는 가맹점은 직접 방문해 지원 나간다. 영업을 시작한지 5년 이상 되는 가맹점주들이 가장 점포 매출이 좋은데 이는 점포를 운영하면 할수록 매출이 좋아지며, 그동안 매출 하락으로 영업이 안되 폐점한 점포 사례는 하나도 없을 정도로 자부심이 대단하다. 점포는 주로 번화가보다는 동네상권에서 경쟁력이 되고 있으며, 평균 10평 규모에서 2천만원 ~ 3천만원의 창업비용이면 가능하다. 소자본 창업이고, 메뉴가 간단해 쉽게 생각하는 사람들이 의외로 많지만, 결코 쉽지는 않다. 장사는 쉬운 것이 아니다. 먼저 가족이 뭉쳐서 서비스에 주력하고, 사장이 직접 점포를 운영해야 한다.

　중, 고등학교 때 〈앗싸! 곱창〉의 맛을 경험했던 학생들이 유학 가서도 먹고 싶다며 연락이 와, 가족들이 진공포장을 해갈 정도다. 한번 맛을 본 고객들은 보통 10년 단골이 되곤 하는데, 앞으로 점포수 전개보다는 메뉴개발에 주력해 신 메뉴도 지속적으로 선보일 것이라고 장담한다.

이강축산은 15년간 국내산 100% 우산물만을 유통하고 있는 전문업체다. 이 회사는 매일 새벽 경북 고령과 충북 음성 공판장에서 도축된 소를 공수해와 공장에서 직접 작업해 신선한 품질을 제공하고 있다. 곱창만 100% 취급해오고 있는 이강축산은 곱창전문점을 운영하는 이들에게 모르면 간첩이라는 소릴 들을 정도로 좋은 제품과 많은 물량을 확보해 곱창전문점으로부터 꾸준한 러브콜을 받고 있다.

곱창은 손질을 어떻게 하느냐가 관건이다. 곱창을 도축장에서 신속하게 공수해 와 온도에 맞게 다루고 분비물을 빨리 빼내어 소화액은 곱을 얼마나 잘 유지해주느냐가 관건이다.

때문에 곱창은 시간을 다투는 작업으로 업체들 간에도 치열한 공수작전이 펼쳐진다. 이강축산은 하루에도 한우 50두, 육우 20두의 물량을 거래하고 있으며, 곱창은 꾸준히 늘어나는 추세다. 직접 곱창전문점을 운영해보기도 했다는 이곳 대표는 곱창전문점이 겉으로 보기엔 쉬워보여도 생물을 다루는 일이라 여간 까다로운 것이 아님을 강조한다. 때문에 개인 곱창 전문점의 경우, 자신이 원하는 스펙에 맞는 제품을 고르기까지 보통 1년은 걸려야 제대로 된 안목이 생긴다.

곱창은 굵은 것이 좋고, 색깔은 우윳빛이 나고 부드러워 보이는 것이 맛있다. 특히 곱창은 황소를 최고로 치며 A+, A++의 한우에서 나온 것은 육질은 좋으나 곱창은 좋지 않아 주로 전골로 쓰인다. 고기도 암소가 좋지만, 곱창은 새끼를 낳았기 때문에 질겨 선호하지 않는다. 하지만 최근 황소 곱창은 거의 찾아볼 수 없으며 대부분 한우와 육우가 대부분이다. 육우 곱창은 연하고 부드러운 반면, 한우곱창은 고소하고 질긴 것이 특징이다.

30여개 곱창전문점에 곱창을 납품하고 있는 이강축산은 직접 영업을 뛰어본 일이 없을 정도로 제품력으로 승부를 건다. 거래업체는 대부분 우리 곱창의 진면목을 알아주는 고객이 대부분이다. 물건이 좋아야 고객이 찾는다는 것은 철칙이자, 신념이다. 항상 좋은 제품과 물량이 충분히 확보돼 있기 때문에 고객들이 찾을 수밖에 없다. 이곳 대표는 또 곱창이 곱이 많다고 해서 꼭, 맛이 좋은 것만은 아니라고 한다. 곱이 적당히 들어있어야 고소한 맛이 나는데 곱이 너무 많으면 뻑뻑한 맛이 나 식감이 좋지 않다. 곱창전문점 사장은 곱창을 잘 알아야한다. 다른 부위와는 달리 곱창은 매우 예민해서 온도와 선도를 유지하지 않으면, 곱이 녹아버려 제품으로써 가치가 떨어지기 때문이다. 지방의 공판장에서 신속하게 곱창을 수급해 와 공장에서 발 빠르게 작업을 거쳐, 30개 점포로 납품, 배송하는 데 주력하고 있다. 이가축산은 구이용으로 곱창 외에도 대창과 막창을 취급하고 있으며, 간, 천엽, 염통은 물론 해장국 용도로도 쓰인다.

4) 35년 경영 노하우의 〈거북곱창〉

교대역, 서초역은 우리나라에서 손꼽힐 만큼 상당한 수의 유동인구를 자랑한다. 이에 따라 교대역, 서초역 부근은 상권이 가장 발달해 있는 지역 중 한 곳으로 꼽힌다. 실제로 교대역, 서초역 주변은 교대맛집, 서초맛집이 즐비하여 식도락 장소로 각광을 받고 있다. 서울시 서초구 서초동 소재 거북곱창은 35년 전통의 곱창 맛을 보유하고 있는 대표적인 교대맛집, 서초맛집으로 통한다. 거북곱창은 35년 경영 노하우를 바탕으로 타 업체와는 차별화된 곱창 맛을 선보이고 있어 교대맛집, 서초맛집을 찾는 이들에게 큰 인기를 얻고 있다. 거북곱창은 곱창 및 염통, 한우, 육우로 이루어진 곱창모듬구이와 더불어 양구이, 막창구이, 대창구이, 간, 천엽, 볶음밥 등의 다채로운 메뉴를 제공하고 있다. 특히 거북곱창은 순수 국내산 한우로 만든 곱창, 대창, 막창을 사용하여 맛과 신뢰를 동시에 얻고 있다. 거북곱창이 교대맛집, 서초맛집으로 불리게 된 요인은 당일 유통되는 신선한 재료를 고객에게 제공하고 있기 때문이다. 이는 오랜 기간 냉동 보관한 타 업체의 곱창 맛과 분명히 차별화되는 점이다. 특히 거북곱창은 김치와 깍두기 등 밑반찬도 손수 직접 만들어 고객 만족도를 높이고 있다. 눈에 띄는 점은 곱창이 나올 때 선보이는 '불쇼'다. 거북곱창은 곱창의 잡내를 없애기 위해 소주를 부어 불을 붙이는 불쇼를 선보이고 있다. 찰나의 순간에 활활 타오르는 불은 곱창 잡내를 완벽히 제거할 뿐 아니라 고객들에게 즐거운 볼거리를 선사한다.

아늑한 실내 인테리어, 아기자기한 디자인 또한 거북곱창의 특징이다. 거북곱창은 고객들이 편안하고 쾌적한 분위기에서 즐거운 식사를 할 수 있도록 실내 인테리어를 구상했다. 이는 거북곱창이 가족 식사 장소 뿐 아니라 커플 데이트 장소, 기업 단체 회식 장소로도 각광을 받고 있는 요인이다. 이러한 거북곱창의 명성은 공중파 방송에서도 주목을 하기 시작했다. 실제로 생방송 세상의 아침, 잘 먹고 잘 사는 법, 모닝와이드 등 주요 교양 방송 프로그램들은 거북곱창의 특별한 곱창 맛을 보도하기 위해 앞다퉈 취재를 하기도 했다. 거북곱창은 교대맛집, 서초맛집 거북곱창은 한 장소에서 35년 동안 영업을 지속해 올 정도로 전통이 깊은 곱창 전문점이라 평가 받으며 수많은 단골고객을 보유하고 있다. 곱창을 다 먹고난 후 제공되는 볶음밥도 필수 코스라 불릴 정도의 별미로 입소문을 타고 있다.

5) 숯불 곱창 20년 전통 〈또오기곱창〉

대한민국은 수많은 창업 아이템이 있다. 우리나라는 사계절이 뚜

렷하다 보니 외식업종의 경우 계절적인 매출편차가 비교적 큰 편이다 외식창업의 성패는 매출편차의 감소 및 꾸준하고 안정적인 매출 형성이 가능한 업종의 선택에서부터 시작된다. 그 다음으로 유행보다는 전망이 좋다거나 프랜차이즈 본사의 지원과 시스템이 잘 갖춰져 있고, 신뢰성이 있는 아이템을 선정 그리고 가장 중요한 것은 창업자의 노력이다. 외식 창업 하면 우선 프랜차이즈를 생각하기 쉽다. 그러나 유행, 편의성 등만 생각 하다보니 너도나도 할 것 없이 고깃집이나 커피숍, 맥주전문점, 치킨 집을 창업하여 과열경쟁으로 폐업하거나 고생하는 사람들이 많아 위험성이 따르는 것이 사실이다. 결국 아이템의 차별화도 필수적인 요소가 되는 것이다. '또오기 화로 양곱창'은 그런 면에서 예비 창업자들이 눈 여겨 볼만한 아이템이다. 소곱창 창업은 쉽게 창업할 수 없는 아이템이다. 작년에 TV매체를 통해 저가형 소곱창 프랜차이즈가 유행처럼 생겨나서 소곱창의 대중화에 기여하였지만 한편으로는 소곱창이란 음식의 질 저하와 경쟁력 없는 저가형 소곱창 브랜드의 폐업이 속출하는 것도 현실이다.

'또오기화로양곱'은 최고의 알 곱창과 숯불 화로 소 곱창으로 창업의 틈새시장이 될 수 있다. 특히 고가의 숯불화로 양대창 전문점의 맛을 남녀노소 누구나 편안하게 즐길 수 있는 메뉴 구성과 국내산 한우 화로 소곱창 1인분(13,000원)은 타 곱창창업과 또 한번 차별화를 꾀하게 된다. 원조 부산 양곱창 본점의 경우엔 저녁시간대면 줄을 서서 대기하는 모습도 볼 수 있다. 프랜차이즈 업계 최저단가인 3.3㎡당 90만원의 인테리어 비용으로 초기 창업비용의 합리성을 확보함과 동시에 창업자의 부담을 줄였다. 전국 도축장 직거래를 통한 원가 절감으로 단가 면에서도 타 곱창과의 경쟁우위가 가능하며, 2014년 하남제조공장 완공을 통해 365일 원팩 시스템으로 원활한 식자재 공급이 가능하도록 완벽한 준비가 되어 있다. 복고적인 인테리어와 고급형를 통해 창업자의 선택의 폭을 넓힐 수 있고 여기에 숯이라는 고급 재료와 최고의 소곱창을 저렴하게 판매하여 고객과 창업자 모두를 만족시키고 있다. 숯불에 구워먹는 소곱창이라는 희소한 이미지와 국내산 모듬 소곱창 1인분 11,900원은 고객에게 확실한 이미지 메이킹이 가능하기 때문에 고객 로열티가 높아질 수 있으며, 재방문율도 높게 나타난다. 이는 곧 창업자의 수익과 직결되며 안정적이고 편차가 적은 매출 구조를 형성할 수 있어 타 곱창에 비해 비교적 저렴한 메뉴구성을 통해 고객의 주머니도 고려했다. '또오기'는 2005년 프랜차이즈 국내최초로 사단법인 한국관광평가원의 심사를 통과해 관광외식브랜드 인증서를 획득한 전통과 역사가 있는 브랜드로 철저한 직영체제로 운영하고 있었지만 밀려드는 분점 요청에 노하우 공개를 결정하게 되었다. 프랜차이즈 창업 전문가는 '또오기화로양곱창' 경우 초기 개설비용이 합리적이고 숯불 소곱창구이라는 차별화와 메뉴 가격의 대중화를 통해 1년 365일 안정적인 수익 형성이 가능할 것으로 평가된다. 외식창업을 준비중인 예비 창업자들은 꼭 한번 비교 검토 해 볼 필요가 있다.

<표15> 또오기 곱창 창업비용

구분	비용		내용
	B급상권	A급상권	
일매출	80만원	135만원	하루평균매출
월매출	2400만원	4050만원	월30일기준
원식자재비	1070만원	1700만원	원자재,식자재,주류,기타 식재료
임대료	160만원	350만원	매장 월 임대료
공과금	80만원	150만원	전기,가스,수도,전화
인건비	400만원	550만원	주방1,홀1,알바2(a급 상권기준)
영업이익	690만원	1300만원	

<표16> 또오기 곱창 수익성 분석

A형(숯불)	B형(숯불)	내용
가맹비	700만원	지역상권보호, 상표사용권리, 브랜드홍보
기술이전/교육비	300만원	소곱창 메뉴에 관한 모든 레시피(전골소스, 밑반찬, 각종소스, 부산물손질법), 필드트레이닝교육
보증금	200만원	물품, 물류 이행보증금
매장인테리어	3.3m^2 당(=평당)90만원	외부공사(별도)
별도공사		덕트공사, 전기증설, 간판, 도시가스증설, 냉/난방기, 화장실, 인허가등
가구(의/탁자)	별도	의/탁자(1조당(4인기준), 화로, 석쇠포함), 숯불발화기
주방시설 및 집기	설비 300만원	주방설비
	집기900만원	식기세척기, 냉장/냉동고, 간택기, 바트냉장고, 온수보일러, 싱크대, 각종식기 및 주방용품 등
로열티		無

6) 내공 깊은 맛과 성공 창업 〈양철북〉

(주)마시명가는 지난 2006년 양대창전문점 〈양철북〉을 오픈한데 이어 현재까지 포차, 곱창전문점, 치킨전문점, 조개구이전문점 등 다양한 아이템을 통한 다수의 브랜드를 확보하여 가맹사업을 펴나가고 있다. 여러 브랜드 가운데 터줏대감이기도 한 양대창전문점 〈양철북〉은 10여 년간 꾸준히 사랑을 받아오고 있는 브랜드 가운데 하나다. 〈양철북〉은 값비싼 음식으로 여겨지는 양과 대창, 막창 등을 합리적인 가격으로 제공해 소비자들로부터 인기가 매우 높다. 보양음식으로 각광받는 양대창은 그동안 가격이 비싸 쉽게 접하기 힘든 음식 가운데 하나로 손꼽힌다. 즉, 소의 위를 가리키는 양과 대창은 고단백 저칼로리의 훌륭한 웰빙 음식이지만, 대중들이 양대창을 즐기기란 쉽지 않았다. 양대창은 특히 손질이 어렵고 소 한 마리에서 나오는 양이 많지 않아 프랜차이즈화 하기에는 더욱 어려운 부분이 많았다. 때문에 양대창전문점은 유난히 직영점 브랜드가 많았고, 프랜차이즈화 된 브랜드가 거의 찾아보기 힘들 정도였다. 하지만, 〈양철북〉은 합리적인 유통시스템으로 대중음식의 보편화를 시도해 서민들도 양대창을 쉽게 즐길 수 있도록 개발했다. 〈양철북〉 양대창구이는 특유의 맛과 가격 때문에 호불호가 갈리는 음식이다. 하지만 〈양

철북〉은 뉴질랜드 호주 청정 지역에서 직수입을 통해 부드럽고 쫄깃하면서도 담백한 양대창구이를 선보여 까다로운 미식가들의 입맛을 사로잡은 것은 물론, 혁신적인 유통시스템으로 합리적인 가격으로 제공해 호평을 받고 있다.

〈양철북〉은 2009년 본격적안 프랜차이즈 사업을 펴기 시작해 현재 20여개 점포가 운영 중이며, 과거와 달리 최근 점포 콘셉트를 변경해 소비자와 예비창업자들에게 문턱을 낮춰 눈길을 끈다. 〈양철북〉은 일단 인테리어 분위기부터 많은 변화를 가져왔다. 과거에는 고급스러우면서도 빈티지한 인테리어를 선보였다면, 최근 리뉴얼한 점포들은 서민들이 보다 편안하게 느낄 수 있는 모던하면서도 따뜻한 분위기로 탈바꿈했다. 이를 위해 점포 내에 파벽돌을 메인으로 한 인테리어가 눈길을 끈다. 점포 규모도 $66m^2$(20평) 이상, 창업 초보자라도 2~3명이면 충분히 운영이 가능토록 했다. 합리적인 물류시스템과 철저한 현장실습 및 서비스 교육으로 소자본창업 아이템으로 손색이 없다. 특히 양대창은 본사 공장에서 1차 가공해 점포에서는 레시피에 따라 2차 가공만 하면 손쉽게 손님에게 낼 수 있어 초보창업자들도 특별한 기술 없이 얼마든지 운영이 가능하다. 이외에도 〈양철북〉은 일반 숯보다 2배나 비싼 대나무숯을 사용해 고기 육즙이 살아있는 등 양대창구이의 맛을 더욱 배가시키고 있다.

김포운양점 점주는 10여 년 간 손이 많이 가는 유명 한식프랜차이즈를 해오다 최근 양대창전문점 〈양철북〉을 통해 점포 운영의 즐거움을 한껏 만끽하고 있다. 이곳 점주는 〈양철북〉의 매력은 무엇보다 손이 많이 가지 않아 인건비는 물론, 인력을 구하는 문제에서 매우 자유롭다는 것이다. 다른 전문점보다 양대창의 질이 뛰어나면서도 가격이 저렴해 평소 양대창을 즐기는 손님들에게 각광받고 있다. 따라서 고객의 80%이상이 단골고객이다. 고객들에게는 합리적인 가격으로 양질의 대창을 즐길 수 있고 점주에게는 소자본 창업으로 높은 순이익을 담보해 이보다 더 좋을 수 없다는 입장이다. 〈양철북〉은 다년간의 점포 노하우를 통해 본사에서 수치화된 수익분석을 가맹점에 제공하고, 이를 통해 창업에서 점포 운영에 이르기까지의 모든 과정에서 신뢰관계를 형성해 나가고 있다. 아울러 예비창업자들이 부족한 자본금으로 어려움을 겪고 있는 것을 감안해 본사와 공동으로 출자해 창업비용 부담을 줄이는 방식의 운영도 시도하고 있다. 소자본으로 고수익을 올릴 수 있는 혁신적인 프랜차이즈 브랜드 개발로 실속창업자들에게 좋은 반응을 얻고 있다.

합리적인 가격으로 품질 좋고 맛 좋은 양대창 구이를 제공하는 〈양철북〉, 소비자와 예비창업자의 니즈를 정확히 꿰뚫어 실속 맛집과 안전 창업을 이끌어 내고 있는 것이다.

2. 곱창·막창 신생브랜드의 틈새 성공전략

1) 짚불구이에서 해답을 찾다 〈마포짚불구이 곱창〉

〈마포짚불구이곱창〉은 지난 2013년 6월 선릉에 직영점을 시작으로 3개월 만에 7개 매장을 오픈하는 쾌거를 이루며 빠른 성장을 보이고 있다. 그만큼 곱창에 대한 고객 호응도가 좋은 사업아이템임을 확인할 수 있다. 마시명가는 사업초기인 만큼 가맹비 면제와 기존 대창 브랜드인 〈양철북〉 운영의 10년 노하우를 살려 양, 대창을 접목했다. 곱창관리가 힘든 점을 고려해 공장에서 짚불구이로 1차 가공해 누구나 쉽게 사업을 할 수 있도록 했다. 운영시스템은 동원으로부터 대기업 3차 물류를 하고 있으며, 본사 슈퍼바이저가 매일 통화, 10일 1회 방문을 진행하며 현재는 인터넷 광고만 진행하는 상황이다. 주력 상권은 브랜드 특성상 주택가보단 유흥상권이 유리하다. 고객층은 20~50대까지 넓은 연령층이 특징. 하지만 주택가보단 유흥상권이 유리하다. 하지만 최근엔 20~30대 여성들이 갈수록 늘어나고 있으며, 이는 남성고객 유입까지 늘게 했다. 마시명가 대표는 곱창은 육류 가운데 가장 관리 힘든 것 중 하나다. 때문에 프랜차이즈화 하기가 힘든 부분이 있다. 하지만 그 답을 짚불구이와 찜으로 해결했다.

한때 곱창은 매니아층에게만 사랑을 받는 음식이었다. 마포짚불구이곱창은 곱창을 즐기지 못했던 대중들에게도 곱창 맛집으로 인정받게 됐고, 소문을 듣고 찾아온 손님들로 인해 문전성시를 이룬다. 짚불곱창의 인기가 높아지면서 예비창업주들의 창업 문의도 끊이질 않는데 이는 대중들에게 인정받은 곱창 프랜차이즈 '마포짚불구이곱창'에 대한 전화(대표번호 1600-9253)를 통해 확인할 수 있다. 업체 는 창업문의부터 현장교육, 지속적인 유지를 위한 사후관리까지 꼼꼼한 추진력을 바탕으로 인생의 전환점을 찾고자 하는 예비 창업주에게 좋은 기회가 될 것이다.

〈마포짚불구이곱창〉은 다수의 매장을 오픈 하는 등 빠른 성장을 보이고 있다. 그만큼 곱창이 고객 호응도가 좋은 사업 아이템임을 확인할 수 있다. 마시명가는 사업초기인 만큼 가맹비면제와 기존 대창 브랜드인 〈양철북〉의 운영의 10년 노하우를 살려 양, 대창을 접목했다. 곱창관리가 힘든 점을 고려해 공장에서 짚불구이로 1차 가공해 누구나 쉽게 사업을 할 수 있도록 했다. 운영 시스템은 동원으로부터 대기업 3차 물류를 하고 있으며, 본사 슈퍼바이저가 매일통화, 10일에 1회 방문을 진행하여 현재는 인터넷 광고만 진행하는 상황이다. 주력 상관은 브랜드 특성상 주택가보단 유흥상권이 유리하다고 한다. 고객층은 20~50대까지 넓은 연령층이 특징. 하지만 최근

엔 20~30대 여성들이 갈수록 늘어나고 있으며, 이는 남성고객 유입까지 늘게 했다고 한다.

곱창은 원래 육류 가운데 가장 관리하기 힘든 것 중 하나다. 때문에 프랜차이즈화하기 힘든 부분이 있다. 하지만 우리는 그 답을 짚불구이와 찜으로 해결했다고 한다. 즉, 당일 도축한 소의 곱창을 바로 찜기에서 1차 가공함으로써 곱의 보존 및 질감을 잡고 미세한 잡냄새조차 짚불훈연으로 잡아낸다. 이로써 부드러우면서 잡냄새가 전혀 없는 맛있는 곱창을 즐길 수 있도록 하고 있다. 급속냉장 시켜 냉동유통을 해도 99% 이상의 퀄리티를 확인할 수 있다. 매장에서는 자연 해동을 해서 고객들에게 제공하면 되는데, 1인분씩 나뉘어 있어 기존 곱창집에서 일하는 것 보다 50% 이상 노동력을 절감 할 수 있다고. 때문에 초보창업자라도 누구나 곱창집 입문이 가능하다. 〈마포짚불구이곱창〉은 〈양철북〉의 운영노하우를 살려 퀄리티 높은 식재료를 저가에 구매하고 있으며, 양념과 숙성의 기술차별화역시 메뉴 개발 R&D팀에서 분기별로 진행한다. 이곳 대표는 예비창업자는 곱창이라는 아이템 특성상 특별히 주의할 것을 당부한다. 곱창과 막창의 원재료 품질상태가매우 중요하기 때문에 식재료에 대해 잘 알아야 한다는 것이다. 가능하다면 도축장에 얼마의 보증금을 맡겨놓고 좋은 곱창을 부탁하는 방법도 있으며, 생물곱창은 하루만 지나면 곱이 물이 돼 흘러나와 당일 사용해야 한다. 또 연육기술에 대한 공부 또한 철저하게 한 후에 창업을 생각해야 한다고 조언한다. 〈마포 짚불구이곱창〉은 예비창업자들이 곱창에 대해 전혀 알지 못해도 7일 정도의 교육만으로 영업을 할 수 있는 물류 및 시스템을 갖추고 있다. 원재료 사입은 물론 메뉴에 대한 연구개발에 이어 점포에서 고객들에게 맛있게 구워줄 수 있는 서비스도 매우 중요하다. 때문에 홀 직원 교육 또한 철저하게 이뤄진다. 뻔한 얘기지만 음식점 장사는 첫째도 맛, 둘째도 맛이다. 본사에서 좋은 품질의 재료를 신선하게 만들어서 가맹점에 납품하고, 가맹점은 가장 맛있는 상태에서 손님이 드실 수 있도록 노력하는 것이라며 그 다음이 서비스, 청결, 인테리어 순이라고 한다. 한번 찾은 손님을 반드시 다시 찾게 만들겠다는 각오로 임하는 것이 성공의 지름길 이라는 이곳 대표는 아무리 불황이라도 줄서는 가게는 꼭 있기 마련이라며 자신감을 내보인다.

다 같은 곱창이라고 해도 특별한 곱창의 맛을 충족시키지 못한다면, 입맛이 까다로운 요즘 소비자들에게 신뢰를 얻기란 어렵다. 이에 '마포곱창'이 예비 창업주들에게 핫한 창업 아이템으로 떠오르고 있다. 곱창맛을 탁월하게 살리는 특별한 조리법 때문이다. 마포곱창은 짚불로 곱창을 구워내는 조리 방법을 선택했다.

〈표17〉 〈마포짚불구이곱창〉 창업비용

구분	내용	20평	30평	40평	50평	60평	70평
가맹비	브랜드 사용권, 지역독점부여권, 조리교육, OPEN지원 3일	500	500	500	500	500	500
교육비	경영, 조리, 매뉴얼제공, 본사 노하우제공, 조리교육 3일	200	200	200	200	200	200
인테리어	목공사, 전기공사, 설비공사, 도장공사, 유리, 도배, 주방, 바닥 시공, 조명, 덕트 등 일체포함	3,000	4,500	6,000	7,500	9,000	10,500
주방기기	냉장고 및 냉동고, 간택기, 육수냉장고, 싱크대,찬 냉장고, 작업대, 밥솥, 컵소독기, 스텐선반, 홀싱크대, 상부선반, 초벌대	37	37	37	37	37	37
주방 및 홀집기	그릇 및 주방집기, 기물, 홀 집기, 앞치마, 전자레인지, 믹서기, 보온고 등	30	30	30	30	30	30
판촉 및 홍보	명함, 빌지패드, 라이터, 메뉴판, 전단지, OPEN현수막, 유니폼(홀, 주방), 오픈행사도우미 2명 외 등	250	250	250	250	250	250
본사지원품목	주류냉장고, 냉동고, 냉각기 및 주류비품 일체, 가스설비시공 (단, 도시가스 제외)						
창업자금지원	무이자, 무담보, 1,000만원부터 최고 5,000만원 까지 가능 (지역 상권, 평수에 따라 차이가 날 수 있음)						
합계		4,017	5,517	7,067	8,567	10,067	11,567

2) 곱창 대중화 견인 〈호랭이돌곱창〉

(유)디딤푸드는 곱창 프랜차이즈인 〈호랭이돌곱창〉을 운영하고 있다. 육류와 관련해 물류 및 유통에 일가견이 있는 이 회사는 국내산 소곱창, 막창, 대창을 특수 제작한 돌판에 구워 고객몰이를 하고 있다. 다른 곱창전문점과는 달리 양평해장국, 내장탕, 곰탕 등의 식사까지 한 자리에서 거뜬히 해결 할 수 있도록 하고 있으며, 24시간 운영으로 다양한 고객층을 확보하고 있다. 〈호랭이돌곱창〉은 대부분 곱창전문점이 소규모 점포로 운영되는 것과는 달리 비교적 대형규모로 진출을 시도했다. 물량확보에 대한 자신감 때문이며, 초특급상권보다는 약간 떨어진 먹자거리 입구 도로변이나 국도의 주차 가능한 단독건물 등 차를 타고 다니면서 쉽게 눈에 들어오는 점포를 타깃 점포전략으로 세웠다. 또 〈호랭이돌곱창〉은 곱창을 못 먹는 고객들을 위해 '곱삼이모듬' 과 같은 삼겹살도 동시에 즐길 수 있는 메뉴도 개발해 고객을 배려하고 있다. (유)디딤푸드는 무엇보다 본사에서 곱창을 모두 손질해 가맹점에 제공하고 있어 점포에서는 식재료 관리가 수월하다는 것이 장점이다.

〈호랭이돌곱창〉은 지난 2012년 10월 오픈해 인천 맛집으로 각종 블로그에 포스팅되는 등 입소문으로 자리잡아 가고 있다. (유)디딤푸드의 대표는 〈호랭이돌곱창〉의 시작은 제대로 된 곱창집을 만들어보자는 생각에 내장 부위를 연구하다 보니 이 모든 부위를 활용해 다양한 메뉴가 나올 수 있겠다는 확신이 들었다. 급기야 〈호랭이돌곱창〉에서 곱창만 제공할 것이 아니라, 구이, 탕, 날것으로 먹을 수 있는 내장을 취급하게 됐다고 설명한다. 그렇게 개발 된 것이 소곱창 및 소막창 구이 등과 양평해장국과 곱창 전골, 간과 천엽 등으로 구현 됐다.

즉, 내장의 모든 부위를 〈호랭이돌곱창〉에서 즐길 수 있게 된 것이다. 이곳에서 제공하는 음식은 본사의 HACCP 기준에 의한 철저한 위생관리에 따라 양념육, 육가공, 소스류 등 다양한 생산능력을 보이고 있다. 특히 곱창, 대창, 막창은 본사의 위생시설이 갖춰진 생산실에서 어려운 공정을 소화해 납품하고 있다. 가맹점의 주방작업을 최소화해 인건비 절감에 주력하고 있는 것이다. 맛 또한 최상급을 추구하는 가운데, 해장국으로 유명한 양평해장국과 깍두기, 대파김치, 부추무침, 명이나물 등 밑반찬 등으로도 고객의 입맛을 사로잡고 있다.

현재 프랜차이즈 시장은 포화상태이며 창업경쟁 구도가 갈수록 치열한 상황 속에서 상권의 맞춤형 개점이 차별화 된 전략이라고 강조되는 시기이다. 무작정 끼워넣기 방식의 개점이 아닌, 철저한 상권분석과 메뉴개발로 가맹점주의 경제적인 타격을 최대한 없어야 한다. 이는 가맹점이 성공해야 본사가 발전할 수 있기 때문이다. 자체 부설연구소에서 엄격한 검증을 거쳐 신상품과 기존 상품을 수시로 업그레이드 해나가고 있다. 특히 (유)디딤푸드는 기존 브랜드 〈신마포갈매기〉 430여개의 매장 운영을 통해 얻은 운영노하우로 본사만의 특별한 교육시스템으로 단시간 안에 운영매뉴얼을 습득해 안정적인 운영을 도모하고 있다. 〈호랭이돌곱창〉은 가맹점주 입장에서 흔하지 않으면서도 손이 덜 가는 아이템에 임대료 부담도 덜하다고 한다. 상권도 초특급상권을 고집하지 않는다. 오히려 중심 상권에서 비껴난 식당가 입구 도로변이나 국도의 주차 가능한 단독건물 등 차를 타고 다니면서 쉽게 눈에 들어오는 상권을 선호한다.

　호랭이돌곱창은 곱창구이와 양평해장국 두 개의 브랜드를 하나로 합쳐 하나의 매장에서 두 배의 성과를 내고 있다. 디딤푸드는 호랭이돌곱창은 곱창집과 양평해장국이 결합된 브랜드로서 24시간 운영을 원칙으로 한다. 시간에 관계없이 손님들은 언제나 곱창과 해장국을 맛볼 수 있다는 것이 장점이다. 이와 같이 한 브랜드를 통해 시간 제약 없이 두 가지 음식을 맛볼 수 있기 때문에 손님의 경우 선택의 폭이 넓어지고, 점주의 경우 빈 시간 없이 효율적으로 매장 운영이 가능하다. 또한 오랜 연구 끝에 개발된 품질 좋은 소곱창, 소막창, 소대창 등 모든 부위를 맛 볼 수 있기 때문에 고객들의 만족도가 높은 편이다. 이곳 대표는 향후에도 다양한 메뉴들의 연구 및 개발에 매진하여 우리나라를 대표할 수 있는 서민음식을 꾸준히 선보이는 한편 브랜드를 알리고 성장시킴으로써 사회 전반에 걸쳐 고용창출 효과를 낼 수 있도록 더욱 매진하고 있다.

이곳 대표는 외식 창업을 위해 아이템을 고민하다 아이디어를 얻기 위해 주요 먹자 상권을 두루 살피던 그는 유독 곱창전문점이 쉽게 폐점하지 않고 오래도록 운영하고, 오래될수록 더욱 잘 되는 업종이라는 것을 깨닫는다. 그렇게 해서 열게 된 것이 바로 지금의 문래동에 위치한 곱창전문점 〈곱〉 다소 특이한 곱이라는 이름도 직접 지었다. 고민 끝에 곱창에는 곱이 중요하니까 곱이라고 짓자고 결론을 내린 것. 곱창은 계절에 따른 부침이 거의 없는 아이템이라 일년 매출이 꾸준하다는 장점이 있다. 대신 마니아 고객이 많기 때문에 맛있는 집과 그렇지 않은 집에 대한 호불호가 극명하게 갈린다. 그래서 곱창은 맛만 있으면 된다는 것을 힌트로 잡았다. 그러기 위해 그는 질 좋은 곱창을 쓰는 것을 첫 번째 원칙으로 삼았다. 〈곱〉의 주력 메뉴는 황소곱창인데, 당일 도축된 황소곱창을 그날그날 받아서 사용한다.

생곱창을 공급받더라도 보통은 일주일에 2~3회 정도 공급받는데

반해, 〈곱〉에서는 단독 거래처를 확보해 월요일부터 토요일까지 주6회를 공급받는다. 신선도에서 경쟁력을 갖출 수밖에 없다. 곱창은 무엇보다 특유의 잡냄새를 없애는 것이 관건. 매일 공급받은 소곱창은 물질을 하고 연육하는 과정을 거친다.

연육 과정에서는 과일을 사용해 잡내를 없애는 것은 물론 육질을 부드럽게 만든다.

조리법에서도 차별화를 했다. 이곳 대표는 보통 삼겹살 등에 신김치를 곁들여 먹는 것에 착안, 곱창구이에 부추를 함께 내놓는 것 외에 잘 익은 대파김치를 함께 제공했다. 또 부추 위에는 마늘가루를 솔솔 뿌려줘 곱창의 잡내를 한 번 더 없앴다. 익은 대파김치와 곱창은 그야말로 환상의 궁합. 대파김치는 곱창의 느끼함을 잡아주는 동시에 풍미를 더해 고객들에게 뜨거운 반응을 얻었다. 이 대파김치는 〈곱〉의 트레이드마크가 됐다. 이렇듯 전 대표만의 노하우가 담긴 〈곱〉의 곱창 맛이 입소문 나자 인기 방송 프로그램인 KBS VJ특공대, Y-STAR 식신로드에 소개되면서 유명세를 탔다. 그 후 창업문의가 빗발치면서 하나둘 매장을 내주기 시작해 본격 프랜차이즈를 시작했다.

점포 오픈 교육에서 가장 중요한 것은 〈곱〉의 맛을 전하는 것이다. 그러기 위해서는 곱창을 손질하는 것이 관건이기 때문에 예비점주들은 문래동 본점에서 짧게는 보름에서 길게는 한 달 정도 곱창 손질을 비롯한 메뉴 교육과 운영 교육 등을 받는다. 업종 특성상 생계형 창업자가 많으며 전 대표 또한 생계형 창업을 권장한다. 점주들과 정기적으로 모임을 갖고 SNS로 소통하는 등 점주들과의 소통에 적극적인 이 브랜드의 대표는 가맹점의 매출이 잘 나올 때 내 일처럼 기쁘다고 말한다.

〈곱〉의 주요메뉴는 황소곱창, 소막창 ,특양구이 ,대창구이 등으로 소곱창과 양대창을 주력으로 한다. 또 곱창구이는 미리 초벌구이를 해서 제공돼 맛을 좋게 하는 것은 물론 회전률을 높일 수 있도록 했다.

〈호랭이돌곱창〉은 론칭한지 얼마 안 되어 이미 '인천 맛집' 등으로 블로그에 포스팅되는 등 입소문이 나있다. '곱창은 인내, 맛있는 곱창은 기다림이 있어야 하므로 '곱' 이 충분히 익을 동안 잠시만 기다려주세요' 등 흥미로운 문구로 벽을 장식해 고객들을 즐겁게 하면서 더욱 소문이 난다. (유)디딤푸드는 〈호랭이돌곱창〉의 론칭 배경을 이렇게 설명한다.

"끝이 보이지 않는 장기화된 불황의 터널속에 서민경제는 꽁꽁 얼어 붙어서 외식업체의 어려움은 깊어만 가고 있다. 고깃집이나 회전문점, 일식전문점, 중국요리전문점 등 기존의 외식산업을 주도하던 대표적인 메뉴들은 얇아진 지갑을 절약으로 대처하는 서민들이 멀리하고 있다. 반면에 탄탄한 마니아층을 확보하고 있는 '소곱창', '막창', '대창' 등 소부속물전문점과 한 끼 식사로 영양과 맛 그리고 풍요로운 포만감을 주는 '양평해장국'을 접목시켜 한 매장을 만들어 간다. 난세에 영웅이 난다고 했듯이 긴 불황의 터널을 뚫고 지나갈 최고의 외식 메뉴라는 자신감을 갖게 하는 원동력이다.

〈호랭이돌곱창〉은 HACCP기준의 철저한 위생관리로 양념육, 육가공, 소스류 등 다양한 생산능력과 체계 있는 자체배송 시스템을 갖추고 있다. 이 덕분에 제품품질을 극대화 시키고 제품원가를 대폭 낮춰 가맹점주들의 수입을 극대화 시키고 신메뉴 개발을 수시로 접목시켜 다양하게 변화하는 고객들의 요구를 충족시키고 있다. 또한 이미 430여개 가맹점을 운영 중인 〈신마포갈매기〉의 메뉴개발 능력과 운영 노하우는 업계 최고로 자부한다. 한편 곱창, 대창, 막창은 본사 생산실에서 어려운 공정을 소화하고 최고의 위생시설에서 생산하여 각 가맹점의 주방작업을 최소화하여 인건비를 절약해준다. 맛 또한 최상급으로 꼽힌다. 그리고 전국 어느 곳보다도 뛰어난 맛을 내는 양평해장국과 깍두기, 대파김치, 부추무침, 명이나물 등 밑반찬 등도 고객을 매료시키기 충분하다.

가맹점주 입장에서도 좋은 아이템이다. 흔하지 않으면서도 손이 덜 가는 아이템에 임대료 부담도 덜하다. 〈호랭이돌곱창〉은 초특급 상권의 메인 상권에 들어서려고 고집하지 않는다. 오히려 중심 상권에서 약간 비껴난 식당가 입구 도로변이나 국도의 주차 가능한 단독 건물 등 차를 타고 다니면서 쉽게 눈에 들어오는 상권을 선호한다.

(유)디딤푸드는 외식업운영을 모태로 설립한 회사이기 때문에 본사와 가맹점 관계를 갑과 을의 관계로 보지 않고, 항상 가맹점주의 입장에서 영업전략과 수익률 극대화를 위한 노력을 기울이고 있다. 특히 이곳 대표는 프랜차이즈 사업에 있어서 '본사와 가맹점의 동반성장'을 가장 중요하게 여긴다. 서로의 무한신뢰를 바탕으로 본사는 최소의 이득을, 가맹점은 최고의 수익으로 동반성장을 창출한다는 것이다.

(유)디딤푸드는 오픈한 이후 여러 가지 계획과 전략을 세우고 있다. 우선 〈신마포갈매기〉의 안정적 운영을 위하여 신메뉴개발과 가맹점의 지속적인 점검, 교육에 최선을 다할 예정이다. 또한 〈호랭이돌곱창〉의 저변을 확대하고 동종업계 최고의 위치에 올려놓기 위해 혼신의 힘을 쏟아 붓고 있다. 한식의 세계화를 위한 준비도 한창이다. 2012년 설립한 중국 〈신포갈매기〉를 2013년에 중국내 최고의 외식산업으로 각인 시키겠다는 각오다. 한류 열풍과 높아진 국가경쟁력으로 인하여 점차 늘어나는 외국 방문객을 위해 품격 있고 자긍

심을 가질 수 있는 외식공간을 전국 주요 장소에 개점, 한식의 우월함을 세계에 널리 알리고 있다.

특히 예비창업자들이 이 브랜드를 선택해야 하는 이유에 대해 기존 430여개의 가맹점을 운영 중인 제 1브랜드 〈신마포갈매기〉에서 얻은 운영노하우를 본사만의 특별한 교육시스템으로 단시간 안에 습득하여 안정적으로 운영할 수 있도록 도와준다는 점과 또한 점포운영 수익률이 업계최고 수준으로 점포폐점률이 제로에 가깝다는 점을 성공요인으로 제시한다.

또한 이곳 브랜드만의 최대 무기인 상권의 맞춤형 개점을 들 수 있다. 무작정 끼워넣는 개점이 아닌 철저한 상권분석과 메뉴개발로 움직인다. 개점의 시행착오로 인한 경제적인 타격을 없애는 것이다. 항상 가맹점주들이 성공해야 본사가 발전한다는 초심으로 임하며 자체 부설연구소에서 엄격한 검증을 거쳐 신상품 및 기존 상품을 수시로 업그레이드 시켜 최적의 영업 환경을 만든다.

따라서 (유)디딤푸드는 가맹점주를 선별한다. 외식사업에 대한 열정과 애착, 특히 음식에 대한 열정과 애착이 있어야 급변하는 외식업계와 소비충족에 대처할 수 있기 때문이다. 또한 본사와 가맹점간의 믿음은 서로가 동반성장할 수 있는 초석이라는 신념을 갖고 있다.

현 주소는 인천광역시 남동구 논현동 642-4 이며, 전화는 032-819-6870 이다.

3) 소곱창의 해외 대중화에 앞장선 〈아가씨곱창〉

소곱창 전문 브랜드인 〈아가씨곱창〉은 숯불구이전문점인 강호동의 〈육칠팔〉로 유명한 외식기업 (주)육칠팔의 여섯 번째 브랜드다. 〈아가씨곱창〉 2012년 1워 론칭한 후 역삼점, 압구정점 등 1여년간의 국내 직영점 운영을 통해 사업성과 수익성을 검증했다. 대표 메뉴는 소곱창, 황소막창, 한우대창, 특양구이 등 구이메뉴와 곱창전골 등이다. 국내산 한우를 사용하는 것이 특징이며, 구이 메뉴에는 천연참숯을 사용해 곱착 특유의 풍미를 깊게 함은 물론 고급화를 꾀했다. (주)육칠팔이 한식 전문 기업으로서 쌓은 10년간의 노하우를 통해 독자적으로 개발한 소스는 곱창의 잡내를 한번 더 잡아줘 텁텁하지 않고 깔끔한 맛을 즐길 수 있다. 또 초벌구이를 해 제공하기 때문에 고객입장에서 조리시간이 짧다는 장점과 테이블 회전속도를 높일 수 있다는 장점을 갖는다. 곱창, 막창, 양대창 등 핵심 식재료는 가공공장과 물류센터의 시스템화를 통해 안정적으로 공급하며, 소스, 동치미, 육수, 양념장은 패키지화해 가맹점에 제공한다. 따라서 초보창업자라도 어려움 없이 운영할 수 있다.

〈아가씨곱창〉에서 눈에 띄는 것은 익살스럽게 표현된 아가씨 캐릭터와 B급 정서를 반영한 코미디 포스터로 재미있는 공간을 연출한 점이다. 70~80년대의 정서를 반영해 복고적인 분위기를 연출하면서도 세련된 브랜드이미지와 인테리어를 구현한 것이 돋보인다. 특히 인테리어면에서는 원목과 함석을 노출해 깔끔하고 고급스런 이미지로 여성 고객층에 크게 어필했다.

〈아가씨곱창〉은 주택가 골목, 대학가, 오피스 상권 등 다양한 입지에서 경쟁력을 갖는다. 특히 '강호동'이라는 빅브랜드가 있기에 골목 이면에서도 고객 유도가 가능하다. 주요 고객은 상권에 따라 차이를 보이지만 주로 20~30대가 60%, 40~50대가 30% 가량을 이뤄 젊은 층에 비교적 호응을 받고 있다.

육칠팔은 '아가씨곱창'이 미국 LA에 위치한 $429m^2$(약 130평) 규모의 단독 건물에 1호점을 오픈했다고 14일 밝혔다. '아가씨곱창'은 한인 타운 인근에 위치해 한국인뿐만 아니라 현지인들의 왕래가 잦아 미국내 브랜드 홍보를 위한 랜드마크로 적격하다는 평가를 받고 있다. 특히 가오픈 상태서 별다른 홍보활동이 없이 일평균 매출 9600만달러(한화 약 1000만원) 가량을 올리고 있어 오픈 후 본격적인 홍보가 뒷받침되면 향후 매출세도 높아질 전망이다. 육칠팔은 기존 강호동백정의 미국 진출 경험을 통해 효과적으로 매출을 성장시킬 수 있는 구조를 만들고 있다.

국내는 전국적으로 50호점까지를 목표로 하고 있다. 개설비용은 국내의 경우 30평 기준 9천만원 가량이며 해외의 경우에는 국가, 지역, 매장 위치에 따라 차이를 보인다.

해외 매장의 경우 5%의 로열티를 받는다. 과거 중년 남성들의 술안주로만 인식되던 곱창은 다양한 조리법과 더불어 영양식으로 알려지면서 남녀노소를 불문하고 인기를 얻는 대중음식이 됐다. 특히 계절에 따른 부침이 없고 유행에 민감하지 않아 꾸준한 사랑 받는 음식이기에 창업 아이템으로서 앞으로도 전망이 밝다.

4) 성공포인트는 색다른 메뉴 구성 〈사나이창〉

고깃집은 과거부터 지금까지 스테디셀러 아이템으로 각광 받고 있다. 이러한 인기로 여느 업종보다 경쟁이 치열한 것도 사실이다. 실제로 '한집 건너 한집'이 고깃집일 정도로 많은 업체가 존재하고 있다. 중심상권만 봐도, 고깃집이 얼마나 많은지 짐작할 수 있다. 이에 따라 일부 예비창업자들은 치열한 고깃집시장을 벗어나 경쟁이 그나마 덜 치열한 특수부위전문점으로 눈길을 돌리고 있다. 곱창&양대창전문점이 대표적이다. 곱창, 막창, 양대창은 특수부위지만, 두터운 마니아층을 가지고 있어 높은 수익을 올릴 수 있는 것으로 알려져 있다. 곱창, 막창, 양대창이 대표적인 특수부위 메뉴로 각광 받고 있지만, 시장경쟁이 치열하게 전개되고 있는 상황이다. 따라서 차별화된 메뉴경쟁력으로 꾸준히 고객을 확보하는 것이 중요하다.

주점창업 프랜차이즈 '사나이창'은 곱창, 막창, 양대창만 판매하던 기존에 전문점과는 달리, 사나이창은 보다 다양하고 이색적인 메뉴를 개발, 고객들의 각기 다른 입맛을 확실히 사로잡고 있다. 차별화된 경쟁력을 바탕으로 가맹사업에 박차를 가하고 있으며, 지원시스템을 더욱 강화해 가맹점의 성공창업을 적극 지원하고 있다.

전문가들은 창업시장에서 고깃집이라는 스테디셀러 아이템을 위협할 정도로 그 인기가 매우 높아지고 있다고 얘기하고 있다. 하지만 경쟁이 치열해지고 잇는 만큼, 평범한 컨셉으로는 성공하기 힘들다는 조언도 덧붙였다. 실제로 중심상권을 보면 특수부위전문점들이 많이 몰려 있는데, 어떤 곳에는 줄을 서서 손님이 기다릴 정도로 장사가 잘되고, 어떤 곳에는 밖에서 영업행위를 해도 잘 잘 되지 않는 것을 쉽게 볼 수 있다. 그렇다면 성공하는 곳의 비결은 무엇일까? 프렌치이즈 곱창&막창·양대창전문점 '시나이창'을 보면 쉽게 성공요인을 쉽게 파악할 수 있다. 이곳은 참숯구이 막창, 양대창, 고추튀

김, 대총탕 등 이색적인 메뉴로 인기를 브랜드로, 최근에는 생곱창, 차돌박이, 삼겹살, 염통, 새우, 각종 야채, 부추, 계란, 치즈까지 모두 한 판에 즐길 수 있는 한 차원 업그레이드된 사나이곱창 메뉴를 선보이며 폭발적인 인기를 얻고 있다.

즉, '사나이창'을 보면 알 수 있듯이, 메뉴경쟁력이 무엇보다 중요하다. 요즘 소비자들은 식상한 메뉴는 외면한다. 따라서 천편일률적인 메뉴라인에서 벗어나 브랜드만의 독창성 있는 메뉴가 중요하다. '사나이창'은 오랜 기획을 통해 이러한 부분을 확실히 만족시키고 있다. 고깃집 창업 프랜차이즈 '사나이창'의 성공 포인트는 이것뿐만이 아니다. 초보창업자들도 쉽게 운영할 수 있도록 돕는 남다른 지원시스템을 통해 예비창업자들의 큰 관심을 불러일으키고 있다.

장장 한달 간 예비 가맹점주들에게 운영 노하우 및 실전 위주의 교육을 체계적으로 교육하는 과정이다. 교육과정은 주차 별로 준비단계와 실전단계로 나눠진다. 인기 창업 아이템 사나이창은 차별화된 메뉴로 경쟁력을 강화했고, 가맹 사업에도 총력을 다 하고 있다. 확실한 사전 교육과 실전 교육으로 실제 고객을 대하는 데 있어 점주에게 자신감을 심어주고, 이러한 부분은 높은 매출로 이어지고 있다.

5) 퓨전 곱창·막창 카페 〈진서방곱이네〉

곱창과 막창이 그저 구이나 양념에 그친 천편일률적인 맛이라고 생각한다면 오산이다. 고객들 입맛대로 골라먹을 수 있는 막창브랜드 〈진서방곱이네〉의 맛을 만나 봤다면 말이다. 곱창과 막창은 특유의 돼지 냄새 때문에 호불호가 많이 갈리는 음식이었다. 하지만 최근엔 업체별로 곱창과 막창에 대한 메뉴 개발과 특유의 냄새를 없애기 위해 다양한 방법을 시도해 입맛 까다로운 20~30대 젊은 여성들도 선호하는 음식이 됐다. 특유의 고소하고 쫄깃한 식감 때문에 특정 마니아층이 많은 것도 곱창과 막창의 특징이다. 〈진서방곱이네〉의 대표는 마니아층이 두터운 메뉴를 대중들에게 보다 가까이 다가서기 위해서 다양한 맛을 개발했다. 일단 원재료의 냄새를 없애기 위해 된장, 계피, 월계수, 사골 등 10가지 재료로 만든 염지제를 공급해 가맹점에서의 작업을 단순화했다. 매장에서는 연탄불로 초벌구이를 한 뒤 고객에게 내어져 3번 구워지게 된다. 소금구이와 양념구이막창에서부터 데리야끼막창, 짜장야채곱창 등 다양하다. 4개월 전에는 숯불구이 갈매기를 개발해 숙주와 함께 제공, 인기를 모으고 있으며, 사골선지해장국과 같은 사이드메뉴는 무한리필이 가능해 술안주 고객들로부터 끊임없는 러브콜을 받고 있다.

이곳 대표는 곱창과 막창전문점의 경우 두각을 나타내는 프랜차이즈브랜드는 없지만, 개인 점포들 간의 경쟁이 치열해 고심하다가 막창의 차별화를 위해 다양한 메뉴개발을 하게 됐다고 설명한다. 그리고 5년 이상 직영점 운영을 통해 메뉴개발과 매출에 대한 확신을 가진 뒤, 물류 및 인테리어 등을 표준화, 매뉴얼화하고 2012년부터 본격적인 가맹사업에 돌입했다. 맛있다는 소문이 입에서 입으로 전해지자 곳곳에서 가맹점 문의가 이어졌으나 충분한 경쟁력이 있을 때까지 검증하는 작업을 오랫동안 거쳐 온 것이 〈진서방곱이네〉의 경쟁력이 됐다.

〈진서방곱이네〉는 평균 18평대에서 창업비용 5천만원에서 1억원 정도의 소자본 창업인들을 겨냥하고 브랜드를 개발했다. 가맹점주들이 매출 저조로 오픈 후 후회하지 않도록 맛의 평준화에 주력해왔다. 이곳 대표는 본사에서 메뉴개발을 통해 맛을 평준화 시켜도 운영하다보면 조금씩 변형이 된다. 분명한 것은 가맹점주가 자기색깔을 너무 강하게 내는 점포일수록 실패사례를 많이 봤다. 본사의 레시피와 매뉴얼대로 운영하는 가맹점이 성공확률이 높다며, 가맹점은 본사의 매뉴얼을 잘 따르고 본사는 가맹점이 매뉴얼대로 운영할 수 있도록 철저히 관리해 뒷받침하는 게 점포 성공률을 높이는 방법이라고 강조한다.

외식업은 열정과 성실함 없이는 안된다. 무엇보다 예비창업자들이 절실해야 한다. 그러기 위해 이 브랜드의 대표는 막창의 블루오션을 만들기 위해 누구나 즐길 수 있는 막창 퓨전 카페를 만들고 있다. 이 같은 노력은 20~30대 여성 단골고객을 늘게 했으며, 메뉴 다양화에 성공을 거머쥐게 했다. 이러한 행보는 돼지 막창에 대한 고객들의 선입견을 깨며 경쟁력을 키워오고 있다. 이와 함께 숯불갈비 갈매기살과 같은 신 메뉴를 통해 맛뿐만 아니라 고객들에게 직접 테이블 서비스를 하는 재미를 줘 매출에 활력을 주고 있다. 업계에서 막창하면 〈진서방곱이네〉를 떠올리게 할 정도로 막창의 대중화를 위해 앞으로도 다양한 연구개발에 주력하고 있다.

〈표18〉 진서방곱이네 창업 비용

내역	20평	30평	40평	50평	비고
가맹비	5,000,000	5,000,000	5,000,000	5,000,000	
기술전수교육비	7,000,000	7,000,000	7,000,000	7,000,000	
내부시설공사	26,000,000	39,000,000	52,000,000	65,000,000	130만원/평
주방집기비품	15,800,000	18,300,000	23,300,000	25,800,000	의탁자포함
간판	3,600,000	3,600,000	3,600,000	3,600,000	LED기본형
실내부착물외	1,000,000	1,000,000	1,300,000	1,500,000	
홍보	2,000,000	2,000,000	2,000,000	2,000,000	
합계	60,400,000	75,900,000	94,200,000	109,900,000	VAT 별도

6) 성공 소액창업 프랜차이즈 〈슈퍼곱창〉

　내수경기가 지속적으로 불황을 겪고 있자, 프랜차이즈 창업 분야에서도 생계형 창업으로 자영업 전선에 뛰어드는 이들이 늘고 있다. 이들 대부분은 투자금이 저렴하면서도 고수익을 기대할 수 있는 '소액창업', '대박창업' 아이템을 선호하는 추세다. 실제 많은 프랜차이즈 창업 전문가들은 굳이 거액의 투자금을 쏟아 붓는다고 해도 경험이 미숙하거나 상권에 맞지 않는 아이템을 선정해 창업을 시작한다면 투자금을 회수하는 데도 꽤 오랜 시간이 걸릴 수 있다고 지적한다. 따라서 창업은 되도록 적은 창업비용으로도 투자대비 고수익을 기대할 수 있는 소액 창업을 잘 고르는 것이 좋다. 또 소액창업은 투자금이 적은 만큼, 수익률도 낮을 수 있기 때문에 안정적으로 꾸준히 매출을 올린다는 생각으로 시작하는 것이 필수다. 이에 최근에는 소액창업 중에서도 수익률이 상당히 높은 곱창집 '슈퍼곱창' 프랜차이즈 창업이 높은 인기를 끌고 있다. 소자본창업, 소액창업을 지원하는 '슈퍼곱창'은 상권의 소비형태에 따른 적합한 아이템 적용으로 매장 영업 시 영업이익 수익률이 25~30%에 이를 정도로 높은 수익구조를 보여주고 있는 프랜차이즈 브랜드다. 슈퍼곱창은 특히 매장의 규모와 관계없이 직장인들을 위해 7가지의 저렴한 런치메뉴를 판매하여 낮 시간과 밤 시간을 모두 안정적으로 운영하여 홀을 탄력적으로 이용할 수 있어 수익을 극대화 시키고 있다. 무엇보다 일반 곱창집과 달리, 20대부터 40~50대까지 폭넓은 소비층을 확보하고 있어 주거지역이나 오피스상권뿐만 아니라 쇼핑몰 지역이나 대학가 상권 등 어느 곳에서나 안정적인 영업이 가능한 것도 장점이다. 이러한 운영 방식은 점포 임대비용을 대대적으로 절감하면서도 운영 대비 높은 수익률을 낼 수 있다는 점이 매력적이다. 또한, 기존 음식점이 업종을 변경 하여 창업하는 경우에는 비용 절감도 크다고 한다. 따라서 소자본, 소액으로 창업을 하는 경우에도 보다 빠르게 투자비용을 회수할 수도 있다. 한편, 슈퍼곱창은 최근 빠르게 늘어나고 있는 전국 가맹점들의 호응에 힘입어 소자본 창업이나 성공창업을 고려하는 이들을 위해 본사 측에서 보다 효율적인 소액창업을 지원한다는 방침이다.

부록

창업 및 업종 전환, 신규사업 가이드

<표 1> 외식산업의 구성요소

외식산업의 구성요소				
가격	식음료	인적서비스	물적서비스	편리성

<표 2> 외식기업 경영형태의 장·단점

구분 \ 방법	초기투자	경험도	사업운영 책임도	실패율	재정 위험도	보상
직영	높다	높다	높다	높다	높다	높다
가맹	보통 이하	최저	보통	보통	보통	보통 이상
인수	보통	높다	높다	높다	높다	높다
위탁	없음	보통 이상	보통	보통	보통	보통 이하

〈표 3〉 업종별 분류

외식산업	음식중심	일반음식점	일반음식점	한식점
				일식점
				양식점
				중식점
				기타
			특수음식점	열차식당
				항공기내식당
				기내사업
				선박 내 식당
			숙박시설 내 음식점	호텔 내 식당
				리조트,콘도,여관 내 식당(1970년 이전)
		단체음식	학교	초,중,고,대학
			기업	구내식당
			군대방위시설	군대
				전투경찰
				경찰
				교도소
			병원	구내식당
			사회복지시설	연수원
				양로원
				고아원
	음료중심		찻집,술집	커피전문점
				호프집
				술집(대중유흥업소)
			요정,바	요정
				바
				카바레
				나이트클럽, club

〈표 4〉 한식의 유형별 종류

품목	세부종목	품목	세부종목
해물류	조개찜 조개구이 게찜 바닷가재찜 낙지볶음 굴회 오징어볶음	전류	파전 빈대떡 모듬전 오코노미야키
생선류	갈치구이 코다리찜 광어회 장어구이 장어직화 장어양념구이	국물류	된장찌개 부대찌개 청국장 순두부 북어국
육류-쇠고기	쇠고기등심 쇠고기갈비 쇠고기 불고기 쇠고기 샤브샤브	디저트류-빵	샌드위치 초콜릿 케이크 와플 바게트
육류-돼지고기	돼지고기 삼겹살 돼지갈비 돼지등갈비	디저트류-음료	생과일주스 아이스크림 빙수 생과일 요거트 스무디
육류-닭고기	닭튀김 삼계탕 닭강정 닭갈비	디저트류-커피	커피 북카페 애견카페 키즈카페
육류-족발	족발 냉족발 오븐구이족발 쌈족발	출장음식	도시락 제사음식 홈파티
면류	자장면 짬뽕 냉면 잔치국수 메밀	주류	소주 맥주 생맥주 와인 막걸리
탕류	갈비탕 샤브샤브 설렁탕 삼계탕 매운탕	분식류	순대류 튀김 떡볶이 우동 김밥
한식	비빔밥 쌈밥 영양밥 김밥 죽	뷔페류	패밀리뷔페 해산물뷔페 고기뷔페 샐러드뷔페 디저트뷔페 채식뷔페

〈표 5〉 외식업계 업종별 트렌드 핵심 (키워드)

창업할 수 있는 외식 종목들 간 콜라보레이션(모둠+조합) 메뉴

업종	키워드	상세 키워드
한식	건강한 삶과 간편식 시장확대	4S(safety, show, self, single), 건강, 간편식, 유기농, No MSG, 오픈키친, HMR
패밀리 레스토랑	감성을 추구하는 융복합화	콜라보레이션, 감성, 시장 다각화, 초니치 마켓
치킨	카페형 매장과 스포츠 마케팅	가치소비, 힐링, 프리미엄, 싱글족, 치맥 스포츠 마케팅, 간편식, 안전, 차별화, SNS
주점	복고와 엔도르핀 디쉬	복고, 감성, 소형화, 차별화, SNS 콜라보레이션, 인테리어, 합리적 가격
커피	고급 원두와 부티크 매장	웰빙, 건강한 재료, 소형화, 전문화, 차별화, 콜라보레이션, 고급화, 부티크, 복고, 인테리어, 사회공헌, 해외진출
피자	웰빙과 프리미엄의 합리적 소비	웰빙, 고급화, 합리적 가격, 안전·안심, 스포츠마케팅, 복고·향수, 엔도르핀 디쉬, 콜라보레이션, 소형화, 건강한 재료, 싱글족
이탈리안 레스토랑	착한 소비와 건강한 식생활	착한 소비, 오가닉, 건강, 와인
분식	합리적인 가격과 콜라보레이션	콜라보레이션, 소형화, 프리미엄, 합리적 가격, 소량화, 간편식, 싱글족
패스트푸드	안전하고 합리적인 가격	합리적 가격, 간편식, 싱글족, 안심·안전
디저트	매스티지족의 진정성	콜라보레이션, 건강한 재료, 진정성, 유기농, 프리미엄, 인테리어, 독창성

〈표 6〉 소비자 유형별 기호와 변화

소비자 진화 양상 단계 ▼	새로운 소비자 집단 ▼
마담슈머(Madame + Consumer) 구매 결정권을 가진 주부들의 시각에서 제품 평가	바이슈머(Buy + Consumer) 해외에서 판매되는 물품을 직접 구입하는 소비자 (직구족)
⇩ 트라이슈머(Try + Consumer) 기존 정보에 의존하지 않고 제품을 직접 써본 뒤 평가	모디슈머(Modify + Consumer) 제조업체에서 제시하는 방식이 아닌 자신만의 방법으로 재창조 해내는 소비자
⇩ 크리슈머(Creative + Consumer) 신제품 개발이나 디자인, 서비스 등의 문제에 적극 개입해 의견을 제시	스토리슈머(Story + Consumer) 기업에 제품과 관련된 자신의 이야기를 적극적으로 알리는 소비자
⇩ 프로슈머(Producer + Consumer) 제품의 생산단계에 직접 관여하거나 소비자가 생산까지 담당	쇼루밍족(Showrooming) 오프라인 매장에서 제품을 보고 온라인을 통해 저렴하게 구매하는 소비자(실속 중시) VS 역쇼루밍족(Reverse Showrooming) 온라인에서 검색을 통해 제품을 결정한 뒤 오프라인에서 구매하는 소비자
⇩ 가이드슈머(Guide + Consumer) 기업의 생산현장을 검증하고 잘못된 점은 지적, 잘한 점은 홍보	

〈표 7〉 외식 브랜드의 구성 요소

브랜드 아이덴티티	브랜드 네임, 브랜드 로고, 브랜드 컬러, 브랜드 캐릭터, 브랜드 슬로건
메뉴	메뉴 구성, 원재료 선택, 조리 방식, 메뉴명, 프리젠테이션, 식기 선택, 메뉴 제공 방식
서비스	서비스 정도, 서비스 방식, 서비스 특성
분위기	SI(Store Identity), 음악(music), 조명(lighting), 유니폼(uniform), 사인(signage)
입지	지역, 입점 형태(free standing/building-in)
가격	가격, 좌석회전율, 식재료비, 인력 및 인건비, 임대료 수준, 할인정책

<표 8> 브랜드 아이덴티티의 도출

기능적 속성	맛의 동질성, 볼의 차별성, 메뉴의 다양성, 양의 풍부함, 시간 절약, 이벤트의 독창성, 접근 편의성, 인테리어의 간결성, 가격대비 맛과 양, 가격의 합리성		
이성적 혜택	통일성, 신속성, 다양성, 합리성, 편리성, 독창성, 전문성		
감성적 혜택	신선함, 생동감, 젊음	친근함, 즐거움, 정겨움	편안함, 재미있음
성격	▼ 독특함	▼ 공유성	▼ 편안함
브랜드 아이덴티티	⇩ 스파게티로 특화된 캐주얼 레스토랑		

〈표 9〉 브랜드 콘셉트 키워드의 개발

키워드	내용
다양성	메뉴와 이벤트의 다양성
통일성	각 매장 간 메뉴의 맛, 인테리어의 동질성
합리성	가격대비 맛과 양, 서비스의 만족감
신속성	시간 절약
전문성	네이밍에서의 전문성, 메뉴의 전문성
편리성	접근과 이용, 서비스의 편리성
신선함	음식의 신선함, 신선한 식자재, 이벤트와 제공 방식(홀서비스)의 새로움
생동감	동적이고 활발한 분위기, 생동감 있는 인테리어
젊음	매장 분위기, 주된 색상, 방문하는 고객과 직원의 젊음
친근함	고급스럽지 않고 대중적이며 부담스럽지 않은 친근함
즐거움	밝고 화사한 인테리어와 가격대비 맛과 양이 좋은 것에서 오는 즐거움
정겨움	오픈된 주방이나 인테리어, 함께 나눠먹는 정겨움
편안함	인테리어의 편안함, 위치의 편안함, 서비스나 가격 등의 심리적 편안함
재미	이벤트의 재미, 메뉴를 고르는 재미, 홀서비스의 재미
독특함	홀서비스의 독특함, 패밀리레스토랑과는 다른 분위기와 서비스
공유성	음식을 나눔으로서 얻게 되는 정서의 공유

〈표 10〉 콘셉트 도출 사례

고객 이미지	개성을 추구하는 여대생 (20대 여성)	해외여행 경험이 있는 젊은 세대	신세대 직장인	자유 직업가와 보보스족	아침 일찍 출근하는 직장인
고객 이익	자신만의 공간, 자유롭게 대화	해외에서 경험한 커피 맛	친구와 여유로운 대화, 독특하고 맛있는 장소	다양한 커피 선택, 노트북 PC이용	간단한 빵과 커피
입지 이미지	이대 앞, 대학로, 프레스센터, 명동역, 강남역, 삼성역, 코엑스, 역삼역, 광화문					
고객 서비스	창가 쪽 1인 좌석, 자유공간, 바리스타, 테이크아웃 서비스, 고객 맞춤 커피, 무선 랜 서비스, 포인트제도, 페이스트리				
고객 시나리오	창가에서 음악을 들으며 혼자 책을 본다, 커피향이 나는 포근한 소파에서 친구와 부담 없이 대화한다. 여자 친구와 극장에 가기 전에 만나서 영화 이야기를 하며 즐긴다, 직장 동료와 점심 식사 후 커피를 테이크아웃하여 마신다. 여기저기 뛰어다니다 자투리 시간에 무선 랜을 이용하여 업무를 한다, 일찍 출근하여 회사 근처에서 여유로운 아침을 시작한다.				
목표 콘셉트	세계 최고의 커피를 주문하여 직접 에스프레소 방식으로 즐길 수 있는 커피숍, 혼자 있을 때는 편안하게, 친구와 같이 있을 때는 즐겁게 대화할 수 있는 커피숍, 고객의 오감을 만족시켜주는 문화가 있는 커피숍				

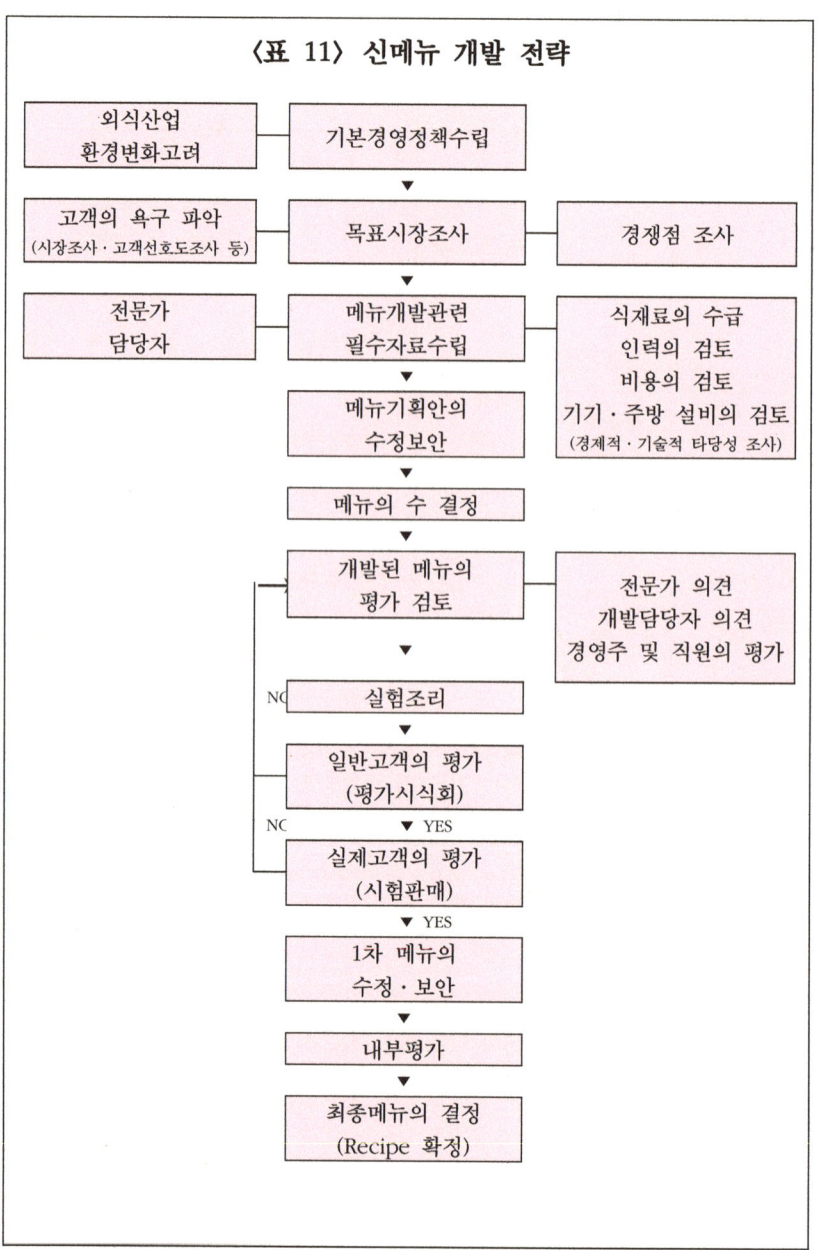

〈표 12〉 메뉴의 적합성 평가

주요항목 및 평가요소	세부검토사항	
소비기호 (연령별, 직업별)	• 타깃연령대가 좋아하는 음식인가? • 음식이 깔끔하고 정갈한가? • 타깃연령대의 수준에 적합한가? • 계절 메뉴나 계절 식재료를 사용할 수 있는가? • 건강식, 다이어트식, 기능식인가? • 맛 유지와 양은 적절한가? • 메뉴가격대는 어떤가? • 어린이용 메뉴구비와 디저트는 준비되어 있는가? • 가족고객이 좋아하는가? • 단순식사로 적합한가? • 메뉴북은 깨끗하고 설명이 충분한가? • 행사메뉴(모임, 회식, 기타)로 적합한 메뉴인가?	
점포, 입지, 시장	• 주변 시장의 가격대는? • 접근성(편리성)은? • 시장성(시장수요)은? • 적합한 건물인가? • 경쟁상태는? • 성장 가능한 입지인가? • 유동인구는 얼마나 되는가? • 주차시설은 되어 있는가?	• 혐오시설은 없는가? • 홍보성(가시성)은? • 적합한 입지인가? • 점포규모는? • 상권내의 외식 성향은? • 집객 시설이 있는가? • 유동차량은 얼마나 되는가?
경영효율 (경영관리 계수관리)	• 매출이익은? • 객단가는? • 메뉴관리는 용이한가? • 점포관리는? • 구매의 난이도는?	• 회전율은? • 원가(재료비,인건비,제경비)는? • 서비스의 난이도는? • 경영주의 메뉴 이해도는? • 직원 채용은?
식사형태	• 조식 • 중식 • 간식 • 석식 • 미드나이트	
판매방식	• 내점(Eat in) • 배달 • 포장판매 • 복합판매 가능성은?	

〈표 13〉 외식 브랜드 주기별 커뮤니케이션 전략

도입기 (사업홍보)	• 모델샵의 영업 활성화에 총력 • 언론에 기사화 • 브랜드 인지도 제고를 통해 계약 유도 • 체험마케팅을 통한 점포 이용유도 • 예비창업자 홍보
성장기 (성공모델의 정착)	• 기획 사업설명회 개최(명강사 초청 등) • 도입기보다는 광고 홍보 효력감소 • 성공사례 만들기 • 성공사례를 바탕으로 한 현장 확인계약 실적 기대 • 경쟁업체 진입 시 탄력적으로 시장 전략 전개
성숙기 (브랜드지명도 확대)	• 성공사례를 중심으로 한 계약 실적 증가 • 브랜드 정체성 관리 강화(표준화, 전문화, 단순화) • 유지광고/홍보시행 • 브랜드 이미지 관리 • 메뉴개발 및 보완
쇠퇴기 (현상유지/ 신규사업)	• 계약실적 쇠퇴 • 브랜드파워 유지 • 고객욕구 분석을 기초로 한 사업 컨셉 조정 • 재정비 및 제2브랜드 런칭 • R&D 성장전략

<표 14> 라이프 사이클에 따른 단계별 관리전략

구분	도입기	성장기	성숙기	쇠퇴기
소비자	소비 준비	소비 시작	소비 절정	소비 위축
경쟁업소	미약	증대	극대	감소
창업시기	창업 준비	창업 시작	차별화	업종변경
매출	조금씩 증가	최고로 성장	평행선	하락
제품 (메뉴)	지명도 낮다	지명도 급상승 및 모방 시작	지명도 최고 제품의 다양화	신 메뉴로 대체시기
유통 (판매)	저항이 높고 점두판매위주	저항 약화되고 주문이 쇄도	주문감소 가격파괴현상	가격파괴절정 생존경쟁으로 재정비
촉진	광고 및 PR 활동성행	상표를 강조하고 경쟁적	캠페인활동 성행 및 제품의 차별성 강조	수요는 판촉에 비해 효과가 미흡
가격	높은 수준	가격인하 정책실시	가격최저로 가격에 민감	재정비에 따른 가격 인상정책
커뮤니케이션	체험마게빙을 통한 이용유도	성공사례를 바탕으로 현장실적기대	유지강화 브랜드 정체성 관리강화, 성공사례를 중심으로 계약실적증가	계약실적 쇠퇴, 신규사업진출 모색, 고객욕구분석으로 사업 컨셉 조정
진행기간	1년차	2년차	3년차	4년차

<부록>

〈표 15〉 외식산업의 소득 수준별 발전

구분	GNP($)	성장과정	주요업체등장
1960년대	100~200	식생활의 궁핍 및 침체기(6·25전쟁 후), 밀가루 위주의 식생활 유입(미국 원조품), 분식의 확산 및 식생활 개선 문제 부상	뉴욕제과(67), 개업업소 및 노상 잡상인 대량 출현
1970년대	248~1,644	영세성 요식업의 우후죽순 출현, 경제 개발 계획에 따른 식생활 향상, 해외브랜드 도입 및 프랜차이즈 태동, 국내프랜차이즈 시작 : 난다랑(79.7), 서구식 외식업 시작 : 롯데리아(79.10)	가나안제과(76), 난다랑(79), 롯데리아(79)
1980년대 초반	1,592~2,158	외식 산업의 태동기(요식업→외식산업), 영세 난립형 체인점 출현(햄버거, 국수, 치킨 등), 해외 유명브랜드 진출 가속화	아메리카(80), 윈첼(82), 짱구짱구(82), 웬디스(84), KFC(84), 장터국수(84), 신라명과(84) 등
1980년대 후반	2,194~4,127	외식산업의 적응 성장기(중소기업, 영세업체난립), 식생활의 외식화·레저화·가공식품화 추세, 패스트푸드 및 프랜차이즈 중심 시장 선도, 패밀리 레스토랑·커피숍·호프점·베이커리·양념치킨 등 약진	맥도날드(86), 피자인(88), 코코스(88), 도투루(89), 나이스데이(89), 만리장성(86)
1990년대 초반	5,569~10,000	외국산업의 전환기(95년 산업으로서 정착), 중·대기업의 신규진출 러시 및 유명브랜드 도입, 프랜차이즈 급성장 및 도태, 시스템 출현(외식근대화)	나이스데이, 씨즐러, 스카이락, TGIF 등 아웃백, 빕스, 베니건스, 애슐리, 마르쉐 등

구분	GNP($)	성장과정	주요업체등장
1990년대 후반	6,500 ~ 9,800	IMF로 경기침체, 전체적인 침체, 불황 중 실직자들의 생계수단과 고용 창출 효과, 침체기에도 꾸준한 성장을 이룸, 다양한 형태의 소비패턴에 따른 점포의 변화	서울 경기지역 외식기업 포화 상태로 지방음식의 체인화와 수도권 중심의 패밀리 레스토랑의 지방 진출과 발전
2000년대 초반	10,000- 15,000	웰빙 문화로 인한 패스트푸드의 변화, 광우병파동으로 일부 산업 심각한 타격, 조류독감으로 치킨업계 일시적인 위기, 꾸준한 발전으로 전체 국민 노동력의 50%이상 고용 창출한 거대산업으로 발전	프랜차이즈 포화, 국내 브랜드 등장
2000년대 후반	15,000- 21,500	국내브랜드 프랜차이즈 대거 등장 및 대기업·식품업계의 외식산업 진출, 대기업 3세들의 외식산업진출(신세계:스타벅스로부터시작-투썸플레이스 등)	(할리스, 카페베네 등)
2010년대 초반	21,500 ~ 25,000	경기침체와 세월호 사건으로 인한 외식위주의 식단이 집으로 이동, 정부규제에 의한 외식분야와 식품분야의 위축	대기업 진출에 대한 정부규제, 상생과 공생의 기업 논리
2010년대 후반	25,000 ~ 30,000	대기업 외식산업이 상생과 공생을 내세운 중소기업 외식 정책으로 변화, 대기업의 외식산업 신출 금지, 외식문화의 침체기와 과다 경쟁	CS를 통한 기업 이익과 고객만족 공존

〈표 16〉 한국의 외식산업 발전과정

연대	발전내용	주요업체
1960년대 이전	• 전통 음식점 중심의 음식업 태동기 • 식생활 및 식습관의 가내 주도형 • 식량지원 부족(생존단계)	• 이문설렁탕(1907) • 용금옥(1930) • 한일관(1934) • 조선옥(1937) • 안동장(1940) • 고려당(1945) • 남포면옥(1948)
1960년대	• 6·25전쟁 후 식생활 궁핍 및 음식업 침체기 • 혼분식 확산(미국원조 밀가루 위주의 식생활)	• 삼양라면 최초 시판(1963) • 비어홀(1964) • 코카콜라(1966) • 뉴욕제과 신세계 본점 프랜차이즈 1호점(1968)
1970년대	• 해외브랜드 도입기 • 프랜차이즈 태동기 • 대중음식점 출현	• 난다랑(1979) 국내 프랜차이즈 1호 • 롯데리아(1979) 서구식 외식 시스템 시발점
1980년대	• 외식산업 전환기 • 해외브랜드 진출 가속화 • 국내 자생브랜드 난립 • 부산 아시안 게임(1986) • 서울 올림픽(1988)	• 아메리카나(1980) • 서울 프라자 호텔이 여의도 전경련 빌딩, 프라자(한식당), 도원(중식당), 연회장 운영(1980) • 윈첼도우넛, 버거킹(1982) • 서울 프라자호텔 열차식당 운영(1983) • 웬디스, 피자헛, KFC(1984) • 맥도널드(1986) • 피자인, 코코스, 크라운베이커리, 나이스데이, 놀부보쌈(1988)

연대	발전내용	주요업체
1990년대	• 외식산업 성장기 • 대기업 외식산업 진출 • 패밀리레스토랑 진출 • 전문점 태동	• TGIF 판다로시(1992) • 시즐러(1993) • 데니스, 스카이락, 케니로저스(1994) • 토니로마스, 베니건스, 블루노트, BBQ(1995) • 마르쉐(1996) • 칠리스, 우노, 아웃백스테이크하우스(1997)
2000년대	• 외식산업의 전성기 • 식품업계의 외식산업 진출 • 대기업의 외식산업 점령 • 골목상권 장악 • 자금력에 의한 규모화	• 커피(음료)전문점의 강세, 포화 • 해외진출사례 (할리스 토종브랜드)
2010년	정부의 규제와 경기침체로 인한 외식산업 침체기, 외식업의 다양화를 통한 커피전문점의 활성화를 꽤하고 있으나 국내포화로 인한 도산위기, 해외진출의 판로가 절실	• 첫손님가게(2013년2월) -기부문화의 정착 • 공생과 상생의 기로 • 대기업의 골목상권진출 금지 등
2020년	• 프랜차이즈를 중심으로 한 한류 K-Food 확산 • 해외 진출 본격화 • 맛, 웰빙, 디테일이 주도 • 성장 정체	• 놀부 NBG • 치킨 브랜드 • CJ 푸드빌 해외 100호점(2012) • 파리바게트(2015년 해외 200호점 개설)

〈표 17〉 국내 프랜차이즈 산업의 변천사

시대별	구분	주요 브랜드 및 이슈
1970년대	**태동기** • 프랜차이즈 산업모델 국내 첫선 • 기업형 프랜차이즈 탄생	• 1977년 림스치킨 • 1979년 7월 국내 프랜차이즈 1호점 난다랑(동숭동) • 1979년 10월 롯데리아 소공동
1980년대	**도입 및 성장기** • 패스트푸드 도입에 따라 대기업 외식업진출 • 해외 패스트푸드 프랜차이즈 국내 진출 • 한식 프랜차이즈시작 (놀부보쌈/송가네왕족발/감미옥 등) • 88서울 올림픽 개최	• 1982년 페리카나 • 1983년 장터국수 • 1984년 KFC/버거킹/웬디스 • 1985년 피자헛/피자인/베스킨라빈스 • 1986년 파리바게트 • 1987년 투다리 • 1988년 코코스 • 1989년 도미노피자/놀부/멕시카나
1990년대	**성숙기** • 국내 프랜차이즈 기반 구축 • 국내 최초 패밀리 레스토랑 개념 도입 • 1988년 외환위기 • 1989년 (사)한국 프랜차이즈산업협회 설립	• 1990년 미스터피자 • 1991년 원할머니보쌈/교촌치킨 • 1992년 맥도날드/TGIF 사업개시 • 1993년 한솥도시락/미다래/파파이스 • 1994년 데니스/던킨도너츠 • 1995년 베니건스/토니로마스/씨즐러/BBQ • 1996년 김가네/마르쉐/쇼부 • 1997년 빕스/아웃백스테이크/칠리스/우노 • 1998년 쪼끼쪼끼/스타벅스/코바코 • 1999년 BBQ 국내 최초 가맹점 1000호점 달성 • 1999년 (사)한국프랜차이즈협회 설립인가

시대별	구분	주요 브랜드 및 이슈
2000년대	**해외진출 초창기** **일부 업종 포화기** • 국내 외식브랜드 중국, 일본 등 해외진출 가속화 2002년 한일 월드컵 개최 • 치킨프랜차이즈 붐업	• 2000년 미소야, 투다리 중국 청도 진출 • 2001년 퀴즈노스/매드포갈릭/사보텐/파스쿠찌 • 2002년 파파존스/본죽, 분쟁조정협의회 설치 • 2003년 프레쉬니스버그/명인만두/피쉬앤그릴/BBQ 중국 진출 • 2004년 크리스피크림도넛 • 2005년 뚜레쥬르 중국 진출 • 2006년 토다이, 놀부 일본 진출 • 2007년 BBQ 싱가포르 진출
2010년대	**저성장기** **해외진출 가속화** • 식재료 수급 불안정 • 해외진출 가속화 • 외식업관련 법과 제도 정비 • 중소기업 적합업종 선정 • 대기업 빵집 사업 철수 • 공정위 모범거래기준안 발표 • 가맹사업법 추진 • 음식점 금연구역 전면시행(2015) • 디저트 업종 활성화 • 일본, 유럽 등 해외디저트브랜드 도입 활발 • 소프트아이스크림, 팥빙수, 츄러스 등 브랜드 활성화	• 2010년 채선당 인도네시아 진출 • 2012년 파리바게뜨 중국 100호점, CJ푸드빌 해외 100호점 • 2011년 놀부 NBG, 美 모건스탠리PE에 지분 매각, 제스터스, 잠바주스, 망고식스 • 2012년 베코와플, 투뿔등심, 와플트리, 모스버거 • 2013년 바르다김선생, 고봉민김밥, 설빙, 깐부치킨, 이옥녀팥집, 족발중심, 미스터시래기, 고디바, 소프트리 • 2014년 자연별곡, 올반, 계절밥상 등 한식뷔페 • 2015년 11월 미스터 피자 중국 100호점 출점 • 2015년 12월 파리바게트 해외 200호점

〈표 18〉 시대별 외식브랜드(메뉴)콘셉트의 변화추이

메뉴	시대	외식 브랜드
햄버거	1980~1985	롯데리아, 아메리카나, 빅웨이
면류	1986~1988	장터국수, 다림방, 다전국수, 민속마당, 국시리아, 참새방앗간
양념치킨	1988~1990	페리카나, 처갓집, 림스치킨
보쌈	1990~1992	놀부보쌈, 촌집보쌈, 할매보쌈
우동		언가, 천수, 나오미, 기소야
신개념퓨전 레스토랑		(피자, 햄버거, 아이스크림, 통닭 등 모두 판매) 굿후렌드, 코넬리아, 아톰플라자, 해피타임
쇠고기뷔페	1992~1993	엉클리 외
커피		쟈뎅, 미스터커피, 왈츠, 브레머
피자	1993~1994	시카고피자, 피자헛, 도미노피자
피자뷔페	1994~1996	베네벤토, 아마도, 오케이, 베니토, 카이노스
탕수육		탕수 탕수 외
김밥		종로김밥, 김가네김밥, 압구정김밥
조개구이	1996~1997	조개굽는 마을, 미스조개 열받네, 바다이야기, 조개부인 바람났네
칼국수		봉창이해물칼국수, 유가네칼국수, 우리밀칼국수
북한음식		모란각, 통일의 집, 고향랭면, 발용각, 진달래각
요리주점	1997~1999	투다리, 칸, 천하일품, 대길, 기린비어페스타

메뉴	시대	외식 브랜드
찜닭	1999~2001	봉추찜닭, 고수찜닭, 계백찜닭
참치		참치명가, 동신참치, 동원참치
에스프레소 커피		할리스, 커피빈, 프라우스타, 이디야
돈가스		라꾸라꾸, 하루야, 패밀리언
생맥주		쪼끼쪼끼, 해피리아, 블랙쪼끼, 비어캐빈
아이스크림	2001~2003	레드망고, 아이스베리
회전초밥		스시히로바, 사까나야, 기요스시
하우스맥주		오키스브로이하우스, 플래티늄, 도이치브로이하우스
불닭	2004~2005	홍초불닭, 화계, 땡초불닭
퓨전 오므라이스		오므토토마토, 오므라이스테이, 오므스위트, 에그몽
중저가 샤브샤브		정성본, 채선당, 어바웃샤브
베트남 쌀국수		호아빈, 포베이, 포메인, 포타이

메뉴	시대	외식 브랜드
해물떡찜	2006~2007	해물떡찜0410, 크레이지페퍼, 홍가네해물떡찜
정육형 고깃집	2006~2007	다하누촌, 산외한우마을
저가 쇠고기		아지매, 우스, 꽁돈, 우쌈, 우마루, 행복한 우담
국수	2008~2009	(비빔국수, 잔치국수)망향비빔국수, 명동할머니국수, 산두리비빔국수, 닐니리맘보
일본라멘		하코야, 멘쿠샤, 라멘만땅, 이찌멘
카페	2008~2013	스타벅스, 카페베네, 파리바게뜨
떡볶이	2011~2012	아딸, 죠스, 국대, 동대문엽기떡볶이
샐러드, 집밥	2013~2014	샐러드뷔페, 계절밥상, 자연별곡
디저트카페	2015~2017	몽슈슈, 초코렛바, 빙수 등 디저트

<표 19> 업종별 음식점업 현황(2015년 기준)

분류		업체수		종사자수	
		(개)	%	(명)	%
음식점업	한식점업	299,477	65.1	841,125	59.9
	한식점 제외한 총합	159,775	34.9	562,513	40.1
	중국 음식점업	21,503	4.7	76,608	5.5
	일본 음식점업	7,466	1.6	33,400	2.4
	서양 음식점업	9,954	2.2	67,279	4.8
	기타 외국식 음식점업	1,588	0.3	8,268	0.6
	기관 구내 식당업	7,830	1.7	48,000	3.4
	출장 및 이동 음식업	511	0.1	2,620	0.2
	기타 음식점업	110,923	24.2	326,338	23.2
	소계	459,252	100.0	1,403,638	100.0
주점 및 비알콜 음료점업		176,488		420,576	
음식점업(합계)		635,740		1,824,214	

<부록>

〈표 20〉 사업장 면적규모별 음식점 분포도(2015년 기준)

사업장 면적규모		음식점수(개)	(%)
30㎡ 미만	(9.3평)	75,977	12.0
30㎡~50㎡	(9.3평~15.4평)	131,003	20.6
50㎡~100㎡	(15.4평~30.9평)	271,277	42.7
100㎡~300㎡	(30.9평~92.6평)	135,299	21.3
300㎡~1,000㎡	(92.6평~302.5평)	19,856	3.1
1,000㎡~3,000㎡	(302.5평~907.5평)	2,057	0.3
3,000㎡	(907.5평)	271	0.1
합계		635,740	100.0

〈표 21〉 종사자 규모별 음식점(주점업포함)

(2015년 기준)

종사자규모	음식점수(개)	(%)	종사자수(명)	(%)
1~4명	559,338	88.0	1,170,619	64.2
5~9명	61,176	9.6	375,014	20.6
10~19명	11,685	1.8	147,249	8.0
20명 이상	3,541	0.6	131,332	7.2
합계	635,740	100.0	1,824,214	100.0

〈표 22〉 년 매출규모별 음식점 및 종사원 분포도

(2015년 기준)

매출규모	음식점수(개)	(%)	종사원수(명)	(%)
50만원 미만	156,598	34.1	282,449	20.2
50~100만원	150,523	32.8	347,310	24.7
100~500만원	132,474	28.8	503,483	365.9
500~1000만원	15,862	3.4	152,236	10.8
1000만원 이상	4,294	0.9	118,160	8.4
합계	459,252	100.0	1,403,638	100.0

<표 23> 음식점업 시도별 현황(2015)

구분	사업체수	사업체수 비중	종사자수	매출액	업체당 매출액	1인당 매출액
전국	635.7	100	1,824.2	79,579.6	125.1	43.6
서울	116.8	18.4	409.1	19,559.5	167.4	47.8
부산	47.1	7.4	135.7	5,921.2	125.6	43.6
대구	31.4	4.9	84.8	3,513.7	112.0	41.5
인천	29.8	4.7	85.1	3,845.9	128.9	45.2
광주	17.1	2.7	50.3	2,163.1	126.3	43.0
대전	18.3	2.9	54.2	2,559.1	140.0	47.2
울산	16.1	2.5	42.9	2,043.7	126.9	47.6
세종	1.6	0.2	4.1	185.2	116.7	44.7
경기	126.7	19.9	387.3	17,754.4	140.1	45.8
강원	29	4.6	68.8	2,521.8	86.9	36.7
충북	22.7	3.6	56.4	2,227.0	98.0	39.5
충남	28.2	4.4	71.8	3,056.2	108.3	42.6
전북	22.7	3.6	60.2	2,202.3	96.9	36.6
전남	25.6	4.0	60.7	2,262.0	88.5	37.3
경북	41.8	6.6	95.6	3,788.9	90.6	39.6
경남	49.9	7.8	125.4	4,906.1	98.3	39.1
제주	10.8	1.7	31.7	1,039.6	96.5	32.8

<표 24> 프랜차이즈 산업 주요 3개국 현황

구분	한국(2015년)	일본(2012년)	미국(2010년)
가맹본부 수	3,482	1,281	2,300
가맹점 수	207,068	240,000	767,000
매출액(년)	약 102조	약 22조 287억 엔	1조 달러
고용인원	124만	200~300만	1,740만
외식업 비중	본부 72% 가맹점 44%	외식업 17.5% (매출기준) 외식업 41.8% (본부기준)	외식업 42% 패스트푸드 31%

<표 25> 외식 프랜차이즈 현황

구분	외식가맹 본부 수	전체가맹 본부 수	외식가맹점 수	전체가맹점 수
2011	1,309(64%)	2,042	60,268(40.5%)	148,719
2012	1,598(66.4%)	2,405	68,068(39.8%)	170,926
2013	1,810(67.5%)	2,678	72,903(41.3%)	176,788
2014	2,089(70.3%)	2,973	84,046(44.1%)	190,730
2015	2,251(72.4%)	3,482	88,953(45.8%)	194,199

<표 26> 국내 프랜차이즈 현황(2015 기준)

가맹본부
외식업 72%
서비스업 19%
도·소매업 9%

가맹점
외식업 46%
서비스업 31%
도·소매업 23%

<표 27> 국내 프랜차이즈 현황(2015 기준)

년도	가맹본부 수	가맹브랜드 수	직영점 수	가맹점 수
2010년	2,042	2,550	9,477	148,719
2015년	3,482	4,288	12,869	194,199

<표 28> 국내 프랜차이즈 업종별 브랜드 수(단위:개)

년도	전체	외식업	서비스업	도소매업
2011년	2,947	1,942	593	392
2012년	3,311	2,246	631	434
2013년	3,691	2,263	743	325
2014년	4,288	3,142	793	353

〈표 29〉 국내 외식 프랜차이즈 가맹점 수(단위:개)

치킨	한식	주점	피자·햄버거
22,529	20,119	10,934	8,542
커피전문점	제빵·제과	분식·김밥	일식·서양식
8,456	8,247	6,413	2,520

〈표 30〉 외식 업종별 신생률(단위:%)

업종	수도권				비수도권
	서울	인천	경기	평균	
한식음식점	7.6	8.1	7.9	**7.8**	7.1
중식음식점	7.5	5.4	8.4	**7.7**	5.3
일식음식점	10.7	6.5	11.1	**10.5**	9.0
경양식음식점	9.9	13.6	11.8	**10.6**	10.8
패스트푸드점	9.4	10.9	12.1	**10.8**	13.4
치킨전문점	10.2	10.8	10.7	**10.5**	10.9
분식음식점	6.4	11.5	11.3	**8.5**	9.9
주점	9.6	8.4	10.2	**9.7**	8.0
커피숍	20.7	22.1	24.7	**22.5**	20.0

〈표 31〉 업종별 활동업체수 증감률(단위:%)

업종	수도권				비수도권
	서울	인천	경기	평균	
한식음식점	-1.3	-0.5	-1.1	**-1.1**	-0.4
중식음식점	0.1	-2.1	0.2	**-0.1**	-1.6
일식음식점	3.3	0.6	3.4	**3.1**	3.3
경양식음식점	1.6	5.7	3.5	**2.3**	2.0
패스트푸드점	-0.7	4.0	5.3	**2.4**	7.0
치킨전문점	1.4	0.9	2.9	**2.1**	3.8
분식음식점	-3.4	0.7	1.4	**-1.4**	1.9
주점	-0.3	0.2	0.9	**0.3**	1.2
커피숍	15.1	20.8	20.7	**18.0**	13.1

〈표 32〉 업종별 5년 생존율(단위:%)

업종	수도권				비수도권
	서울	인천	경기	평균	
한식음식점	55.4	57.0	56.4	**56.0**	61.7
중식음식점	63.5	69.6	61.4	**63.1**	72.2
일식음식점	59.5	50.0	57.3	**58.2**	68.0
경양식음식점	61.4	48.7	59.3	**60.5**	61.2
패스트푸드점	53.0	69.4	60.4	**58.2**	63.9
치킨전문점	61.9	54.7	59.8	**60.0**	63.4
분식음식점	49.9	54.0	49.8	**50.4**	58.0
주점	59.0	63.9	58.2	**59.1**	65.7
커피숍	57.4	64.8	48.7	**54.5**	51.6

〈표 33〉 수도권 업종별 생존기간 10년 미만 비율

업종	수도권(%)				비수도권(%)
	서울	인천	경기	평균	
한식음식점	53.9	50.4	56.7	**54.9**	45.9
중식음식점	47.3	45.2	53.7	**49.9**	37.5
일식음식점	63.5	46.4	62.2	**61.7**	54.0
경양식음식점	59.4	64.5	64.7	**61.2**	56.7
패스트푸드점	78.2	73.8	69.4	**73.7**	62.6
치킨전문점	68.5	69.7	71.6	**70.3**	66.5
분식음식점	43.6	65.7	64.3	**52.7**	57.0
주점	58.8	52.0	61.3	**59.1**	55.3
커피숍	86.5	76.2	84.4	**84.5**	70.3

〈표 34〉 업종별 상주인구기준 포화도 상위 지역

업종	서울	인천	경기
한식음식점	중구(3.6)	옹진군(2.1)	가평군(3.5)
중식음식점	중구(3.5)	중구(2.3)	가평군(2.8)
일식음식점	중구(3.8)	강화군(1.9)	평택시(2.9)
경양식음식점	종로구(2.9)	중구(2.0)	포천시(3.0)
패스트푸드점	강남구(4.7)	중구(1.5)	가평군(3.6)
치킨전문점	중구(2.4)	동구(1.6)	연천군(2.7)
분식음식점	종로구(3.3)	동구(1.9)	연천군(4.0)
주점	마포구(2.4)	부평구(1.3)	구리시(2.5)
커피숍	중구(3.9)	강화군(1.8)	연천군(3.2)

<표 35> 2015년 활동업체 현황(단위:개,%)

		전국	수도권				비수도권
			서울	인천	경기	평균	
한식 음식점	개수	289,358	53,092	11,408	58,235	122,735	166,623
	증감	-2,015	-680	-56	-623	-1,359	-656
	증감률	-0.7	-1.3	-0.5	-1.1	-1.1	-0.4
중식 음식점	개수	21,428	4,030	999	3,970	8,999	12,429
	증감	-218	4	-21	6	-11	-207
	증감률	-1.0	0.1	-2.1	0.2	-0.1	-1.6
일식 음식점	개수	12,784	4,844	645	2,499	7,988	4,796
	증감	394	155	4	82	241	153
	증감률	3.2	3.3	0.6	3.4	3.1	3.3
경양식 음식점	개수	27,023	9,463	575	4,141	14,179	12,844
	증감	568	148	31	139	318	250
	증감률	2.1	1.6	5.7	3.5	2.3	2.0
패스트 푸드점	개수	8,283	1,738	366	1,837	3,941	4,342
	증감	378	-13	14	93	94	284
	증감률	4.8	-0.7	4.0	5.3	2.4	7.0
치킨 전문점	개수	36,895	5,745	1,987	8,966	16,698	20,197
	증감	1,085	80	18	250	348	737
	증감률	3.0	1.4	0.9	2.9	2.1	3.8
분식 음식점	개수	41,454	12,075	2,094	7,171	21,340	20,114
	증감	73	-423	15	102	-306	379
	증감률	0.2	-3.4	0.7	1.4	-1.4	1.9
주점	개수	65,775	12,396	3,908	13,941	30,245	35,530
	증감	512	-39	6	120	87	425
	증감률	0.2	-0.3	0.2	0.9	0.3	1.2
커피숍	개수	50,270	11,055	2,446	9,712	23,213	27,057
	증감	6,666	1,453	421	1,664	3,538	3,128
	증감률	15.3	15.1	20.8	20.7	18.0	13.1

<표 36> 국내 주요 50개 외식업체 2016년 실적

	법인명	대표브랜드	매출액		
			2016년	증감률	2015년
1	파리크라상	파리바게뜨	1,777,178,739,028	2.86%	1,727,743,711,101
2	CJ푸드빌	빕스	1,250,423,221,494	3.66%	1,206,274,856,583
3	스타벅스코리아	스타벅스	1,002,814,318,251	29.58%	773,900,207,510
4	롯데GRS	롯데리아	948,881,502,698	-1.17%	960,107,706,719
5	이랜드파크	애슐리	805,448,929,846	11.06%	725,259,064,288
6	농협목우촌	또래오래	539,706,247,053	06.05%	574,447,698,787
7	비알코리아	던킨도너츠	508,589,410,709	-2.24%	520,244,187,126
8	교촌에프앤비	교촌치킨	291,134,570,511	13.03%	257,568,343,023
9	비케이알	버거킹	253,165,340,964	-9.10%	278,519,490,955
10	제너시스BBQ	BBQ	219,753,548,128	1.80%	215,859,733,466
11	청오디피케이	도미노피자	210,258,669,230	7.61%	195,397,386,682
12	해마로푸드서비스	맘스터치	201,871,094,029	35.82%	148,630,305,769
13	에스알에스코리아	KFC	177,025,154,533	1.32%	174,724,909,649
14	더본코리아	새마을식당	174,871,404,102	41.18%	123,861,782,375
15	본아이에프	본죽	161,915,426,742	12.99%	143,298,606,904
16	이디야	이디야커피	153,544,611,986	13.30%	135,521,376,709
17	지앤푸드	굽네치킨	146,963,838,585	49.35%	98,403,070,608
18	커피빈코리아	커피빈	146,020,774,483	5.10%	138,938,692,307
19	할리스에프앤비	할리스커피	128,620,870,080	18.45%	108,584,230,041
20	놀부	놀부부대찌개	120,371,880,274	0.61%	119,644,883,536
21	엠피그룹	미스터피자	97,057,713,543	-12.03%	110,334,442,101
22	한솥	한솥도시락	93,450,170,833	8.69%	85,977,883,670
23	탐앤탐스	탐앤탐스	86,904,811,559	-2.09%	88,763,650,721
24	아모제푸드	카페아모제	77,709,476,186	-10.79%	87,021,856,784
25	카페베네	카페베네	76,579,195,280	-30.45%	110,110,201,113
26	토다이코리아	토다이	75,712,432,549	1.81%	74,366,111,820
27	원앤원	원할머니보쌈	75,335,571,616	-1.76%	76,685,431,644
28	디딤	신마포갈매기	65,752,103,510	6.20%	61,915,832,179
29	엔티스	경복궁	64,214,566,518	0.04%	64,191,883,374
30	전한	강강술래	62,605,427,065	16.76%	53,617,791,947

<부록>

	법인명	대표브랜드	영업이익		
			2016년	증감률	2015년
1	파리크라상	파리바게뜨	66,466,341,645	-2.83%	68,401,992,788
2	CJ푸드빌	빕스	7,612,835,874	-27.61%	10,515,825,667
3	스타벅스코리아	스타벅스	85,263,869,944	80.87%	47,141,285,776
4	롯데GRS	롯데리아	19,265,680,668	43.52%	13,423,529,274
5	이랜드파크	애슐리	-13,042,395,296	적자지속	-18,567,855,117
6	농협목우촌	또래오래	2,388,904,185	-43.58%	4,234,412,263
7	비알코리아	던킨도너츠	40,507,512,902	-21.78%	51,789,190,475
8	교촌에프앤비	교촌치킨	17,697,273,857	16.81%	15,150,420,135
9	비케이알	버거킹	10,753,419,177	-11.41%	12,138,378,984
10	제너시스BBQ	BBQ	19,119,575,719	37.65%	13,889,867,948
11	청오디피케이	도미노피자	26,148,974,238	14.85%	22,763,349,909
12	해마로푸드서비스	맘스터치	17,257,002,377	93.95%	8,897,630,011
13	에스알에스코리아	KFC	-12,262,188,782	적자전환	2,519,865,023
14	더본코리아	새마을식당	19,762,485,462	80.08%	10,974,482,886
15	본아이에프	본죽	9,643,020,060	108.54%	4,624,133,933
16	이디야	이디야커피	15,785,054,983	-3.36%	16,333,174,813
17	지앤푸드	굽네치킨	14,074,334,840	150.02%	5,629,268,870
18	커피빈코리아	커피빈	6,415,508,347	63.97%	3,912,507,369
19	할리스에프앤비	할리스커피	12,733,558,418	85.71%	6,856,590,390
20	놀부	놀부부대찌개	4,471,311,917	71.67%	2,604,572,263
21	엠피그룹	미스터피자	-8,906,726,136	적자지속	-7,258,907,426
22	한솥	한솥도시락	7,537,969,650	-3.90%	7,844,235,483
23	탐앤탐스	탐앤탐스	2,361,398,129	-46.33%	4,399,702,445
24	아모제푸드	카페아모제	-691,750,183	적자지속	-514,452,289
25	카페베네	카페베네	-554,827,454	적자지속	-4,381,991,762
26	토다이코리아	토다이	1,890,163,061	-34.38%	2,880,632,811
27	원앤원	원할머니보쌈	1,906,415,161	28.04%	1,488,921,918
28	디딤	신마포갈매기	5,531,547,756	109.18%	2,644,406,000
29	엔티스	경복궁	3,495,529,796	6.93%	3,268,846,170
30	전한	강강술래	6,253,723,716	156.51%	2,438,038,325

	법인명	대표브랜드	당기순이익		
			2016년	증감률	2015년
1	파리크라상	파리바게뜨	55,101,759,875	6.56%	51,707,226,710
2	CJ푸드빌	빕스	5,213,030,763	흑자전환	-7,399,515,626
3	스타벅스코리아	스타벅스	65,250,646,249	130.68%	28,286,458,919
4	롯데GRS	롯데리아	-11,328,471,862	적자지속	-57,188,774,814
5	이랜드파크	애슐리	-80,415,701,255	적자전환	3,259,340,450
6	농협목우촌	또래오래	176,061,903	-96.06%	4,474,241,678
7	비알코리아	던킨도너츠	35,748,612,156	-17.04%	43,090,305,701
8	교촌에프앤비	교촌치킨	10,333,269,262	48.13%	6,975,624,101
9	비케이알	버거킹	8,041,478,568	-6.98%	8,644,484,103
10	제너시스BBQ	BBQ	5,622,355,657	-25.79%	7,575,978,570
11	청오디피케이	도미노피자	20,886,060,816	15.86%	18,027,199,494
12	해마로푸드서비스	맘스터치	9,295,865,326	52.53%	6,094,487,395
13	에스알에스코리아	KFC	-18,989,243,531	적자전환	1,239,410,933
14	더본코리아	새마을식당	19,246,938,573	176.53%	6,960,110,664
15	본아이에프	본죽	6,541,937,183	666.68%	853,282,435
16	이디야	이디야커피	11,157,627,325	-14.73%	13,085,209,896
17	지앤푸드	굽네치킨	9,051,485,230	98.68%	4,555,730,841
18	커피빈코리아	커피빈	4,274,213,864	68.04%	2,543,614,329
19	할리스에프앤비	할리스커피	9,112,688,828	97.97%	4,603,109,833
20	놀부	놀부부대찌개	34,729,365	흑자전환	-1,185,695,358
21	엠피그룹	미스터피자	-13,169,290,522	적자지속	-5,685,686,269
22	한솥	한솥도시락	5,937,412,411	-6.94%	6,379,860,772
23	탐앤탐스	탐앤탐스	-2,700,843,324	적자전환	1,006,075,983
24	아모제푸드	카페아모제	-2,894,719,809	적자지속	-2,831,863,842
25	카페베네	카페베네	-24,199,662,544	적자지속	-33,998,615,819
26	토다이코리아	토다이	-302,769,030	적자전환	60,192,423
27	원앤원	원할머니보쌈	1,050,809,166	-46.68%	1,970,922,444
28	디딤	신마포갈매기	3,882,856,783	206.73%	1,265,883,943
29	엔티스	경복궁	870,450,996	62.51%	535,619,685
30	전한	강강술래	4,044,752,337	204.26%	1,329,361,651

<부록>

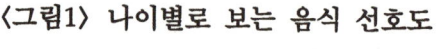

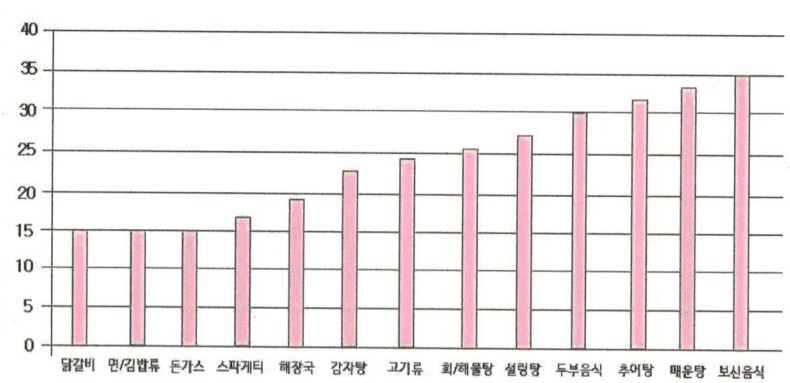

〈표 37〉 외식장소 선택기준

연도	식당 선택기준
1985년	가격, 맛, 위생
1990년	맛, 청결, 가격
1995년	맛(87.1%), 서비스(4.6%), 분위기(4.4%)
2000년	맛(77%), 서비스(37.4%), 분위기(32.7%)
2005년	맛(72.3%), 가격(15.5%), 양(4.4%)
2010년	맛(71.2%), 분위기(10.2%), 교통(8.4%)
2015년	맛(82.6%), 분위기(25.2%), 교통(21.3%)
2017년	맛(77.3%), 분위기(7.1%), 가까운 위치와 교통(6.8%)

⟨표 38⟩ 상권별 특징

구분	특징
오피스	- 말, 저녁 공백. - 직장인 상권의 경우 짧은 이동을 선호하는 경향이 강하여 어디에 입지하는가가 중요함. - 따라서 오피스 이면 유동인구가 많은 곳이 상대적으로 유리. - 직장인을 목표시장으로 하는 만큼 규모를 크게 하고 현대화된 환경으로 창업하는 것이 유리.
역세권	- 영업시간이 상대적으로 길고 자영업자의 피로도가 큼. - 24시간 성황, 주말 유입인구가 크고 업종이 다양하며 유흥성향이 상대적으로 강한 상권 곱창전문점은 B급지에 입지하는 것이 적당.
대학가	- 찾아다니며 소비하는 성향이 강해 상권이 넓게 형성. 따라서 입지 선택의 여건이 상대적으로 양호.
주택가	- 평일 공백 - 가족단위 소비자를 유입할 수 있는 환경을 구축하는 것이 필요
전문 쇼핑가	- 업종별 군집형태로 상권 발달 - 쇼핑가 자영업자를 목표시정으로 전문상가 인근에 입지

⟨부록⟩

〈표 39〉 보쌈전문점 최적의 상권입지

적합상권 유형		장·단점
제1후보지 주택가 진입로변상권	장점	보쌈전문점 주 수요층의 접근성이 좋은 대단위 주택가 진입로 변 1층 매장이 가장 적합하다.
	단점	주택가 상권의 경우 직장인 수가 적다. 점심 매출이 기대만큼 나오지 않을 수 있다.
제2후보지 아파트 주거지역	장점	거주밀집지역의 틈새상권도 좋다. 배달을 전문으로 하는 소규모 업체라면 적극 추천한다.
	단점	틈새 입지개발이 쉬운 일이 아닌 만큼 단골을 만들기 위한 노력이 필요하다.
제3후보지 역세권, 오피스밀집 상권	장점	직장인 유동인구가 많은 역세권이나 오피스밀집상권, 먹자상권은 어떤 아이템이 들어가도 반은 먹고 들어갈 수 있다.
	단점	보증금, 월세, 권리금이 높아 매출은 높으나 수익성이 떨어질 수 있다.

〈표 40〉 장어전문점의 최적 상권입지

제1후보지 사무실 밀집지역 및 도심 오피스상권 먹자골목		제2후보지 도심외곽 관광지 및 강변상권		제3후보지 주택가로 이어지는 대로변	
장점	단점	장점	단점	장점	단점
주택가 상권보다는 관공서 주변상권과 회식 수요가 있는 사무실 밀집지역이 적합하다. 30~50대 남성들의 분포가 많은 지역이라 장어의 수요가 많다.	직장인들을 대상으로 하는 저렴한 가격의 점심 메뉴를 개발해야 한다. 주5일 근무로 주말 매출이 저조할 수 있다.	장어 전문점은 보양식품이라는 인식이 크기 때문에 도심 한가운데보다 외곽지역에서 장어를 찾는 사람들이 많다. 임진강 일대, 고창 선운사 일대, 남양주 운길산역 일대가 장어타운이 형성된 이유다.	주말고객층과 평일고객층의 편차가 크다는 점이다. 수도권 상권의 경우 평일 접근성이 높은 지역 선정이 중요하다.	장어전문점 특성상 주택가 진입로 대로변 매장이 관건이다. 눈에 띄는 입지가 목적 구매고객을 공략할 수 있다.	평일 낮 매출을 담보하기 어렵다. 주부들의 계모임이나 동네의 크고 작은 행사를 유치하는 등 매출증대를 위한 전략을 세울 필요가 있다.

〈부록〉

〈표 41〉 갈비 전문점의 최적의 상권입지

적합상권 유형		장·단점
제1후보지 (대단위 아파트 상권 내 외식상권)	장점	갈비 전문점의 주 수요층이라고 할 수 있는 주부·가족단위고객을 공략하는 데는 1만 세대 이상이 거주하는 아파트상권이 적합하다
	단점	아파트상권의 경우 분양가 거품으로 인해 점포임대가가 높기 때문에 자칫 투자 수익률이 떨어질 수 있는 위험성이 있다.
제2후보지 (주택가상권 대로변 입지)	장점	갈비 전문점은 대형화 전문화 바람을 타고 있는 아이템이다. 가시성과 접근성이 좋은 주택가 상권 진입로 대로변을 추천한다. 대형매장을 공략한다면 지역의 랜드마크 역할을 하면서 안정 수익을 확보할 수 있다.
	단점	대형 매장의 경우 점포구입비와 점포 시설투자비가 높다. 초기투자 비용이 상당하므로 쉽사리 진행하기 어렵다.
제3후보지 (역세상권 내 먹자골목)	장점	지속적인 안정 수요층을 확보하는 데는 역세상권의 먹자골목도 나쁘지 않다.
	단점	먹자골목 내의 경쟁점포가 많기 때문에 자칫 먹자골목 경쟁우위를 점유하지 못한다면 상권 내 경쟁구도에서 밀려날 수 있는 위험성이 높다.

〈표 42〉 닭갈비 전문점, 대학가·먹자골목 최적의 상권 입지

적합상권 유형		장·단점
제1후보지 (지하철역 인근 먹자골목)	장점	지하철역 인근 먹자골목이나 중심상가 이면도로는 닭갈비 전문점의 최적 입지다. 내부가 들여다보이는 1층 매장이면 더욱 좋다. 우선 유동인구가 많고, 저녁모임이 많이 이루어지는 곳이라 소모임이나 회식수요가 많다.
	단점	주 영업시간이 밤이기 때문에 늦은 시간까지 영업을 해야 한다. 체력이 뒷받침되지 않으면 운영에 차질을 빚을 수 있다.
제2후보지 (대학가 주변)	장점	닭갈비에 대한 선호도가 가장 높은 계층이 모이는 지역이다. 맛과 서비스에 관리를 잘하면 단골손님 확보가 용이하다.
	단점	점포 구입단계에서 투자비용이 높다. 물건을 구하기도 쉽지 않다. 어설프게 접근하면 손해만 볼 확률이 높다.
제3후보지) (사무실주변 유동인구 많은 곳)	장점	직장인들의 모임 장소로 콘셉트를 잡는 게 중요하다. 점심메뉴를 개발해 점심영업을 기대 할 수 있다.
	단점	주말 매출을 기대하기 어렵다. 저녁 매출이 중요한 업종이지만, 퇴근시간대 매출이 생각만큼 나오지 않을 가능성도 있다.

관통도로와 교통량에 따른 매출

관통도로란 시 경계선에서 시내와 시외를 연결하는 주요 도로를 말한다. 적은 자본으로 음식 장사로 한몫 잡고 싶다면 이들 관통도로의 교통량을 분석하는 것이 좋다. 국내에는 도시 크기가 매우 크고 근처에 거대 위성 도시를 끼고 있어도 관통도로에 하루 20만대가 넘는 교통량을 보이는 지역이 없다. 그럼 관통 도로의 교통량이 대강 어느 정도이면 음식점의 장사가 잘되는 것일까?

교통량이 많이 발생하는 관통 도로에는 도로를 따라 여러 개의 핵심 상권이 자생하고 있다. 음식점을 이 핵심 상권에 입점시키는 것도 좋은 방법이지만 건물 임대료가 비싸다. 이럴 경우에는 교통량을 믿고 대로변에 음식점을 입점시키는 것도 생각해볼 만하다. 남태령 고개를 예로 들어보면, 남태령 고개는 경기도 과천과 서울 사당동을 연결하는 고개 이름이다. 이 고개를 따라 서울 방향으로 발전한 상권이 사당동 역세권이다. 그 밑으로는 방배동 상권이 있다. 예전에는 시계를 연결하는 단순한 도로에 불과했으나 서울 외곽에서 서울 시내로 출퇴근하는 사람들이 많아지면서 사당동은 대형 상권으로 발전하였다.

관통 도로와 같은 대로변에 음식점을 입점시킬 때는 하루 평균 5만 대 정도의 교통량이 발생하는 도로로 생각해볼 만하다. 5만 대 수준이면 대강 맛이 있거나 분위기가 있는 요식업소라면 매출이 일정 이상으로 발생한다.

그렇다면 교통량 계산은 어떻게 하나? 어떤 한 지점의 교통량은 일반적으로 출근이 시작되는 아침 7시를 전후로 해서 늘어나기 시작한 뒤 8시부터 9시 사이가 그날의 최고 피크 타임이 된다. 그런 뒤 교통량이 일정 수준으로 계속 유지되다가 오후 퇴근 시간이 되자 교통량이 다소 늘어났다가 새벽 1시면 현저하게 줄어든다는 공통점이 있다.

즉 아침 9시대에 피크를 이루고 점심을 전후로 약간씩 줄어들었다가 저녁 퇴근 시간대에 다시 피크를 이룬 뒤 새벽 1시까지 천천히 감소하다가 새벽 1시를 넘으면 현저하게 줄어든다. 이로 인해 아침 피크 시간대의 교통량과 교통량이 제일 적은 새벽 4시경의 교통량은 3배에서 5배 정도의 차이가 발생한다.

교통량 조사 방식

관통 도로에서의 교통량은 오전(07~09시), 점심(11~14시), 퇴근 시간(17~19시) 사이에 측정한다. 새벽 1시부터 아침 7시까지의 교통량은 피크 타임의 3분의 1로 계산한 후 평균을 잡으면 하루 교통량의 윤곽이 대강 잡힌다.

일반적으로 주거 지역에서는 21시~23시 사이에 교통량이 점차 줄어들지만, 심야 영업이 활발한 지역은 21시~23시경에 다소 교통량이 늘어나는 특징을 가지고 있다. 따라서 술집을 창업하려면 그 지역(먹자골목 등)의 밤 21시부터 23시까지의 교통량을 측정하는 것이 좋다. 만일 21시를 기준으로 시간당 교통량의 유입 유출 합계가 3천대 이상이라면 그 지역은 심야 상권이 활발한 지역이라고 볼 수 있다.(밤 9시부터 10시까지 3천대 이상의 유동량을 보이는 도로라면 그 도로는 교통 정체가 상당히 심한 도로라고 말할 수 있다.)

〈표 43〉 서울의 관통 도로 교통량

도로 명	교통량(대)
양재대로	약 13만
시흥대로	약 12만
하일동	약 10만
남태령	약 9만
통일로	약 9만
도봉로	약 7만 9천
망우리	약 7만 7천
복정 검문소	약 6만
서하남	약 6만
서오릉	약 4만

창업할 수 있는 외식업 종목

한정식 전문점/ 산채요리 전문점/ 나물요리 전문점/ 약선요리 전문점/ 궁중요리 전문점/ 사찰음식 전문점/ 한식당/ 한식배달 전문점/ 생선구이백반 전문점/ 연탄구이백반 전문점/ 우렁된장 전문점/ 대통밥 전문점/ 중화요리 전문점/ 중화요리 뷔페/ 테이크아웃 중화요리 전문점/ 중화요리 패밀리 레스토랑/ 기사식당/ 5,000원 기사식당/ 돼지김치찌개 전문 기사식당/ 해물탕 전문 기사식당/ 연탄구이 기사식당/ 일식집/ 활어횟집/ 장어 전문점/ 초밥 전문점/ 퓨전초밥 전문점/ 회전초밥 전문점/ 일본음식 전문점/ 보쌈 전문점/ 부대찌개 전문점/ 수제 부대찌개 전문점/ 빈대떡 전문점/ 족발 전문점/ 닭갈비 전문점/ 찜닭 전문점/ 바비큐 치킨 전문점/ 통닭 전문점/ 닭볶음탕 전문점/ 삼계탕 전문점/ 죽 전문점/ 덮밥 전문점/ 비빔밥 전문점/ 돌솥밥 전문점/ 가마솥밥 전문점/ 철판볶음밥 전문점

참치회 전문점/ 꽃게탕 전문점/ 해물탕 전문점/ 민물새우 전문점/ 낙지요리 전문점/ 랍스타 전문점/ 조개구이 전문점/ 꼬치구이 전문점/ 밴댕이요리 전문점/ 올갱이국 전문점/ 돼지갈비 전문점/ 삼겹살 전문점/ 생고기 전문점/ 연탄불고기 전문점/ 화로 숯불고기 전문점/ 한우 전문점/ 떡볶이 전문점/분식 전문점/ 만두 전문점/ 즉석김밥 전문점/ 카레요리 전문점/ 수제어묵 전문점/ 수제 햄버거 전문점/ 수제핫도그 전문점/ 호두과자 전문점/ 왕만두 전문점/ 멸치국수 전문점/ 잔치국수 전문점/ 회국수 전문점/ 막국수 전문점/ 우동 전문점/ 라면 전문점/ 칼국수 전문점/ 손칼국수 전문점/ 콩칼국수 전문점/ 바지락 칼국수 전문점/ 수제비 전문점/ 닭수제비 전문점/ 퓨전음식 전문점/ 일식돈가스 전문점/ 바비큐 전문점/ 샤브샤브 전문점/ 버섯요리 전문점/ 두부요리 전문점/ 두루치기 전문점/ 보리밥 전문점/ 쌈밥 전문점/ 떡갈비 한정식 전문점

추어탕 전문점/ 매운탕 전문점/ 동태탕 전문점/ 감자탕 전문점/ 영양탕 전문점/ 오리요리 전문점/ 설렁탕 전문점/ 해장국 전문점/ 뼈다귀 해장국 전문점/ 콩나물 해장국 전문점/ 소해장국 전문점/ 카페/ 락카페/ 북카페/ 룸카페/ 커피숍/ 룸커피숍/ 테이크아웃 커피 전문점/ 보드게임 카페/ 막걸리 전문점/ 연탄불 생선구이 주점/ 일본식 주점/ 퓨전 주점/ 연탄불 안주 주점/ 철판요리 주점/ 포차 주점/ 맥주 전문점/ 세계맥주 전문점/ 호프 전문점/ 소주방/ 단란주점/ 룸살롱/ 노래방/ 비즈니스 바/ 웨스턴 바/ 칵테일 바/ 마술쇼 바/ 모던 바/ 클럽/ 제과점/ 떡 전문점/ 피자 전문점/ 파스타 전문점/ 스파게티 전문점/ 이태리요리 전문점/ 프랑스요리 전문점/ 터키요리 전문점/ 베트남쌀국수 전문점/ 양꼬치 전문점/ 말고기 전문점/ 북한음식 전문점/ 외국음식 전문점/ 패스트푸드/ 패밀리 레스토랑/ 샐러드 레스토랑/ 해물 뷔페/ 고기 뷔페/ 가든형 음식점/ 반찬집/ 1만원 고기안주 주점/ 1만원 해산물안주 주점/ 무한리필 안주 주점/ 무한리필 음식 전문점/ 무한 토핑 주점

##〈표 44〉 추정소요자금 계획

과목	금액	비고
1. 매출액	0	서비스매출 + 상품매출
1) 서비스	0	(서비스매출)
2) 상품매출	0	(상품 또는 음식 판매 매출)
2. 매출원가	0	상품의 원가
3. 매출이익	0	매출액 - 매출원가
4. 판매관리비	0	
1) 급료	0	직원급여, 사업자급여
2) 복리후생비	0	직원복리후생, 4대보험, 식대 등
3) 임차료	0	임차료
4) 수도광열비	0	전기세, 수도세, 가스 등
5) 통신료	0	전화, 인터넷, 휴대폰
6) 수수료	0	세무대행료, 신용카드 수수료, 정수기, POS 등
7) 소모품비	0	1회용품, 청소용품, 주방용품
8) 감가상각비	0	취득원가-잔존가치/내용연수
9) 광고비	0	전단지, 홍보비 등
10) 기타경비	0	
5. 영업이익	0	매출이익 - 판매관리비
6. 영업외 비용	0	
1) 지급이자	0	대출금은행이자
7. 영업외 수익	0	이자수익 등
8. 경상이익	0	영업이익 - 영업외비용 + 영업외수익
9. 세전순이익	0	경상이익 - 특별손실 + 특별이익
10. 세금	0	1년 부가가치세, 소득세/12개월
11. 순손익	0	세전순이익 - 순이익

매출액 추정과 투자 수익률 분석

매출액 추정 방법

1개월 동안의 수익 X 12개월 = 적정 권리금

월 매출액

통행인구수 X 내점률 X 1인구매단가(객단가) X 월간 영업일수

〈표 45〉 투자수익률 및 투자회수기간 판단 기준

사업성 판단기준	투자수익률	투자비회수기간
매우 우수	4.3% 이상	2년 이내 회수
우수	3~4.2%	2~3년 회수
보통	2.2~3%	3~4년 회수
불량	2.1% 미만	4년 이상 회수

<표 46> 입지 후보지 선정

1	업종(목적)분석	아이템의 소비시간, 소비수준, 소비층, 소비행동, 경쟁점, 보완점을 분석한다.
2	유사업종군집화	소비패턴과 소비특성 등이 유사한 업종을 군집화한다.
3	1차 지역선정	군집화된 업종의 환경 조사
4	적합도 분석	상권과 업종의 적합도와 경쟁점과 보완점을 조사한다.
5	2차 후보지선정	적합도가 높으며, 임대조건 등이 좋은 지역 선정
6	변화요인 분석	도시계획, 공급률 등을 조사하여 미래변화요인을 조사한다.
7	타당성 분석	추정손익, 투자대비, 수익률 등 사업타당성을 분석한다.
8	최종	최종 결정

<표 47> 환경 분석(3C 분석)

3c	분석 내용	전략 방향
Customer	- 상권 반경 1km 내 - 배후세대를 주택가로 두고 있는 2종 근린생활 상권 - 30~40대 매니아층, 가족 수요 상존 - 31,500세대, 88,700명(주택 80%)	양질의 제품 확보 정당한 가격 정책
Company	- 기능적 능력의 확보 - 공급자 확보 - 20년 이상 거주로 잠재 수요 확보	제품의 질 유지
Competitor	- 경쟁점포 7개소(곱창 6, 양구이 1) - A급 경쟁점포 1개 - 경쟁점 대비 차별화 요소 약함 - 기존 점포의 고객 충성도 높음	양심의 제품 공급과 마케팅으로 새로운 맛집으로 부상

<표 48> 사업 방향의 설정

구분	사업 방향 설정
목표고객	- 상권 내 30~40대 - 배후세대 가족 고객
핵심경쟁력	- 기술적 능력 - 양질의 제품에 대한 지속적인 제공능력
실행방안	- 독산동 내장 도매상과의 협업 - 블로그 운영 - 스토리텔링에 의한 고객충성도 고취
업종현황 및 전망	- 공급이 한정적이고 손질에 어려움이 있는 반면, 매니아층을 중심으로 수요가 꾸준하여 향후 전망 또한 안정적임.

<표 49> 시설계획

인테리어 컨셉	-젠 스타일 추구로 유행을 타지 않으면서 안정감 추구 -가족 고객을 위한 편안한 테이블 셋팅 -배연 시설에 중점			
시설 계획	-동선을 고려한 설계 -주방면적, 홀 면적, 테이블 수, 마감재 기재 철거, 목공, 전기, 조명, 마감 계획의 구체화 -간판 디자인			
시설 자금	품명	수량(m²)	3.3m² 당 단가	금액
	인테리어(홀)	66	800,000	16,000,000
	인테리어(주방)	19	400,000	2,000,000
	잡기 비품 등			5,000,000
	긴판 외			2,000,000
	합계			25,000,000

<표 50> 구매계획

구매전략	-독산동 내장 소매상 2곳 이상 확보 -세금계산서 수취가 가능한 식자재 업체 확보 -결제조건, 반품 조건 등을 명확히 함. -집기 비품 구매 목록표 작성					
	구입품명	구입처	거래조건	연락처	금액	비고
식자재	곱창, 양깃머리 외					
	식자재					
	주류					
집기/비품	주방 용품					
	홀 용품					

<표 51> 판매계획

	메뉴명	수량(g)	단가	금액(일)	비고
판매계획	곱창	200	15,454	772,700	부가세 별도
	양깃머리	200	20,000	200,000	
	곱창모둠	200	13,636	272,720	
	염통	200	9,090	45,450	
	간, 천엽		4,545	22,725	
	주류		2,727	149,985	
	합계			1,463,580	

〈표 52〉 원가계획

	원부자재	소요량(일)	구입단가	금액	비고
매출원가	곱창	1보			
	양깃머리	2kg			
	막창	1보			

〈표 53〉 인력 및 인건비 계획

직책	인원	급여	총액	비고
실장(주방/홀)	2	1,600,000	3,200,000	
직원(홀)	2	1,400,000	2,800,000	
보조(주방)	1	800,000	800,000	
합계	5	3,800,000	6,800,000	

<표 54> 소요자금 및 조달계획

구분		내역	금액	산출근거
소요자금	시설자금	임차보증금	40,000,000	임대차계약서
		권리금	20,000,000	권리양도계약서
		인테리어비	20,000,000	견적서
		집기 비품	5,000,000	견적서
		소계	85,000,000	
	운영자금	운영자금	25,000,000	매출계획의 약 65%
		소계	25,000,000	
	합계		110,000,000	
조달계획	자기자금	현금/예금	70,000,000	통장
		소계	70,000,000	
	타인자금	은행대출	10,000,000	
		정책자금	30,000,000	창업자금
		소계	40,000,000	
	합계		110,000,000	

<표 55> 손익계획

과목	금액		산출근거
1.매출액		39,516,000	매출계획(27일영업일)
2.매출원가		15,806,000	(40%)
3.매출이익		23,710,000	
4.일반관리비		13,875,000	(가~자 합계액)
가.급료	6,800,000		인력계획 참조
나.임차료	5,060,000		
다.관리비	600,000		
라.수도광열비	400,000		
마.통신비	50,000		
바.복리후생비	250,000		
사.광고선전비	100,000		
아.잡비	200,000		
자.감가상각비	415,000		
5.영업이익		9,835,000	
6.영업외비용		100,000	
가.지급이자	100,000		약 25%
7.영업외수익			
8.경상이익		9,735,000	

<표 56> 곱창이야기 수익성

구분	15평(49.5m)	30평(99.1m)
테이블수	일일 2회 기준 테이블수X테이블단가40,000 ▶360,000X2회 ▶720,000	일일 2회 기준 테이블수18X테이블단가40,000 ▶720,000X2회 ▶1,440,000
예상매출	일일 2회 기준 테이블수X테이블단가40,000 ▶360,000X2회 ▶720,000	일일 2회 기준 테이블수18X테이블단가40,000 ▶720,000X2회 ▶1,440,000
예상월매출	영업일30X일매출→ 21,600,000	영업일수30X일매출→43,200,000

<표 57> 곱창이야기 창업비용

구분	15평	30평	내용
월매출	21,600,000	43,200,000	
매출원가	8,610,000	17,280,000	원재료+식자재+주류+야채류
건물임대료	2,600,000	4,000,000	임대료/관리비
인건비	4,000,000	7,000,000	15평 주방1 홀2 4,000,000 30평 주방1 홀4 7,000,000
전기,가스 공과금	1,000,000	2,000,000	전기,수도,가스,공과금 등
잡비	500,000	1,000,000	기타 소모품 및 식대
소계	16,140,000	31,280,000	
영업이익	5,460,000	11,920,000	원매출-지출경비(소계)

〈표 58〉 한식당 창업비용의 예

구분	내용	20평	30평	40평	50평	60평	70평
가맹비	브랜드 사용권, 지역독점부여권, 조리교육, OPEN지원 3일	500	500	500	500	500	500
교육비	경영, 조리, 매뉴얼제공, 본사 노하우제공, 조리교육 3일	200	200	200	200	200	200
인테리어	목공사, 전기공사, 설비공사, 도장공사, 유리, 도배, 주방, 바닥 시공, 조명, 덕트 등 일체포함	3,000	4,500	6,000	7,500	9,000	10,500
주방기기	냉장고 및 냉동고, 간택기, 육수냉장고, 싱크대,찬 냉장고, 작업대, 밥솥, 컵소독기, 스텐선반, 홀싱크대, 상부선반, 초벌대	37	37	37	37	37	37
주방 및 홀 집기	그릇 및 주방집기, 기물, 홀 집기, 앞치마, 전자레인지, 믹서기, 보온고 등	30	30	30	30	30	30
판촉 및 홍보	명함, 빌지패드, 라이터, 메뉴판, 전단지, OPEN현수막, 유니폼(홀, 주방), 오픈행사도우미 2명 외 등	250	250	250	250	250	250
본사지원품목	주류냉장고, 냉동고, 냉각기 및 주류비품 일체, 가스설비시공 (단, 도시가스 제외)						
창업자금지원	무이자, 무담보, 1,000만원부터 최고 5,000만원 까지 가능 (지역 상권, 평수에 따라 차이가 날 수 있음)						
합계		4,017	5,517	7,067	8,567	10,067	11,567

사업자등록증 발급을 위한 행정 절차	
권리금 산정방식	① 신규 위생교육 ② 보건증 발급 ③ 영업신고증 신청 ④ 사업자등록증 신청 ⑤ 보험 가입

〈표 59〉 일반음식점과 휴게음식점 비교

일반음식점	휴게음식점
음식물의 조리 및 판매와 더불어 음주행위가 허용되는 호프집, 한식, 경양식 등	음식물의 조리 및 판매는 가능하나 음주행위가 허용되지 않는 커피숍, 빵집 등

〈표 60〉 일반과세와 간이과세 비교

구분	일반과세사업자	간이과세사업자
매출액	연간매출액 4,800만원 이상	연간매출액 4,800만원 미만
납부세율	공급가액의 10% 부가가치세로 납부	업종별 부가세율을 고려한 세율부과(공급가액의 1.5~4%)
세액공제	매입세액 전액	매입세액의 15~40%
세금계산서	세금계산서 발행과 매입의 의무	세금계산서 발행 불가
예정고지 여부	예정신고기간에 대해 예정신고 또는 예정고지에 의한 징수 원칙	예정신고 및 예정고지 없음
비고		과세기간 매출액이 1,200만원 미만인 경우 부가가치세 면제

〈표 61〉 주요 소셜커머스 사이트 및 연락처

소셜커머스 업체	도메인	연락처
쿠팡	www.coupang.com	1577-7011
티켓몬스터	www.ticketmonster.co.kr	1544-6240
위메이크프라이스	www.wemakeprice.com	1588-4763
그루폰코리아	www.groupon.kr	1661-0600
지금샵	www.g-old.co.kr	070-4077-4770
슈팡	www.soopang.co.kr	1600-2375
소셜비	www.sociabee.co.kr	1588-5908
달인쿠폰	www.dalincoupon.com	1666-9845

〈표 62〉 온라인마케팅의 하나인 소셜미디어 활용

		블로그	SNS	위키	UCC	마이크로 블로그
사용목적		정보공유	관계형성, 엔터테인먼트	정보공유, 협업에 의한 지식 창조	엔터테인먼트	관계형성, 정보공유
주체:대상		1:N	1:1 1:N	N:N	1:N	1:1 1:N
사용환경	채널 다양성	인터넷 의존적	인터넷환경, 이동통신환경	인터넷 의존적	인터넷 의존적	인터넷환경, 이동통신환경
	즉시성	사후기록, 인터넷 연결시에만 정보 공유	사후기록, 현재시점 기록, 인터넷/이동 통신 연결 시 정보공유	사후기록, 인터넷 연결시 창작/공유	사후제작, 인터넷 연결시 콘텐츠 공유	실시간 기록, 인터넷/이동 통신 연결 시 정보공유

〈부록〉

〈표 63〉 연간 판매촉진 전략

월별	행사	이벤트 기준 및 판촉활동
1	시무식, 신년회, 설날, 대입합격축하회	POP부착, 새해선물(식사권, 할인권 등)을 연하장에 넣어 DM발송, 내점고객 선물 증정(복주머니, 복조리 등)
2	입춘, 봄방학, 졸업식, 환송회	졸업축하 이벤트, 발렌타인데이 특별 디너세트 판매(꽃, 샴페인증정, 초콜릿), 봄맞이 환경처리 실시, 현수막 부착, DM발송(리스트 입수), 정월대보름 오곡밥 축제
3	입학식, 환영회, 대학개강 파티	입학식, 환영회(행사유치를 위한 사전 홍보활동 및 선물제공), 화이트데이 이벤트 실시, 봄 샐러드 축제와 꽃씨제공
4	봄나들이, 한식, 식목일	신 메뉴 개발, DM, 각종 차량에 안내장 부착
5	어린이 날, 어버이 날, 스승의 날, 성년의 날	어린이날 특선메뉴 및 기념품 제공, 가정의 달 효도대잔치(카네이션, 기념사진 등), 독거 소년·소녀와 노인 초청 행사, 서비스 콘테스트 실시, 광고 등
6	각종 체육회, 현충일	국가 유공자 가족 초대회(할인행사)

월별	행사	이벤트 기준 및 판촉활동
7	여름보너스, 휴가, 초중고 방학	DM, 여름철 특선 메뉴 실시(빙수, 생과일 쥬스, 호프, 야외 바베큐파티 등), 삼복더위 축제
8	여름휴가, 초중고 개학	한여름 더위를 식힐 화채 개발 시식 및 각종 우대권 제공
9	대학개학, 초가을레저, 추석	도시락 개발, 행락철에 T/O
10	운동회, 대학축제, 결혼러시, 단풍놀이 행락객	가을미각축제, 과일축제, 송이축제, 진어축제, DM발송
11	학생의 날, 취직, 승진축하	찜요리 축제, 입시생을 위한 특선메뉴(건강식), 송년회 및 회식안내(DM)
12	송년회, 겨울방학, 겨울레저, 첫눈	크리스마스카드 및 연하장 발송(할인권), 점내 POP부착
기타	단골고객의 날 이벤트 개최, 생일 축하, 월 시식일 등	고객관리, 선물 또는 무료 식사권 제공

일일 매출 규모별 적정 관리 내역

(1) 하루 매상 40만원-창업 실패한 업소

한 달 총매출 : 40만원 x 30일 = 1,200만원

재료비(30%~35% 안팎) : 450만원 안팎

임대료&공과금&인건비(35%~40% 안팎) : 500만원 안팎

순이익률(22%~30%) : 250만원 ~ 350만원(사장이 주방이나 매장일을 하는 상태)

(2) 하루 매상 60만원-평균 성적을 거둔 업소

한 달 총매출 : 60만원 x 30일 = 1,800만원

재료비(30%~35% 안팎) : 600만원 안팎

임대료&공과금&인건비(35%~40% 안팎) : 700만원 안팎

순이익률(23%~32%) : 400만원 안팎(사장이 주방이나 매장일을 절반 정도 하는 상태)

(3) 하루 매상 150만원-대박 아닌 중박을 이룬 업소

한 달 총매출 : 150만원 x 30일 = 4,500만원

재료비(30%~35% 안팎) : 1,600만원 안팎

임대료 & 공과금 & 인건비(35%~40% 안팎) : 1,700만원 안팎

순이익률(25%~33%) : 1,200만원 안팎

(4) 하루 매상 30만원~40만원 일 경우-폐업 갈림길의 음식점

말 그대로 입에 풀칠하고 있는 상황에서 사업을 접지도 못하는 상황인 음식점을 말한다. 수입이 적기 때문에 사장이 직접 주방일을 할 수밖에 없다. 인건비 지출을 줄여야 하므로 종업원은 1~2인만 고용할 수 있는 상태다. 종업원 1인 고용 시 매장을 전부 담당하지 못하므로 사장 부인이 주방일도 기들고 매장일도 거드는 상황이 된다. 이렇게 되면 부부가 힘들어 지게 되고, 부인의 바가지 지수는 높아지며 이때쯤 되면 음식점 장사에 대해 체념하게 된다.

이런 점포는 십중팔구 1년 안에 문을 닫게 되거나, 코가 꿰인 상태로 어쩌지도 못하고 사업을 하는 상태가 지속된다.

하루 평균 매상 30만원 이하이면 이건 동네에서 관심조차 받지 못하는 음식점이란 뜻이고, 맛없는 집이거나 망해가는 음식점이라는 뜻이다. 다시 말해 동네 손님은 없고, 아주 소수의 단골손님과 우연히 걸려든 뜨내기손님을 받는 업소이다.

5천만원 이하 소자본 창업을 하면서 준비를 제대로 하지 않으면 이런 일이 쉽게 발생한다. 가장 큰 이유는 업종 선택이 잘못되어서이거나, 맛이 없어서이다. 이런 경우 1일 매상 폭의 변동이 매우 심한데 이것은 고객들에게 안 가도 되는 음식점으로 각인됐다는 뜻이다. 창업 15일이 지나도 하루 평균 매상이 30만 원 이하이면 바로 업종 변경을 해야 한다. 만일 밥집이었다면 술을 취급할 수 있는 업종으로 변경을 시도하면 매상을 더 올릴 수 있다.

(5) 하루 매상 60만원 일 경우-생활 유지형 음식점

하루 매상 60만원이라면 월수입이 400~500만원 정도이므로 집에 생활비를 가져갈 수 있고 음식점 경영 목적으로 자동차를 자유롭게 운용할 수 있는 상태이다. 자동차는 더 싼 식재료를 사러 다니는 용도로 사용한다. 우리 주변에서 볼 수 있는 평범한 음식점들보다는 좋은 실적이므로 일단 '맛'은 어느 정도 인정받은 집이라고 할 수 있다.

 일을 할 때 가끔 자기 일이 행복하다는 생각이 들기도 하고 불행하다는 생각이 들기도 한다. 부부는 일심동체로 사업을 키우기 위해 더 열심히 노력하는 상태가 된다. 건물 임대료에 따라 다르겠지만 종업원은 1~2명 정도 고용할 수 있고 부부 중 한 사람이 주방을 맡아 인건비 부담을 줄일 수 있다.

 그런데 이 경우가 가장 위험하다. 당장 먹고사는 방법이 마련되어 있으므로 가끔 행복지수가 올라가기는 하는데, 유명 맛집이 아닌 한 음식점의 매상은 세월이 흐를수록 떨어지기 마련이다. 예를 들어 옆집에 더 근사한 음식점이 들어오면 바로 타격이 온다는 뜻이다. 하지만 기존 단골이 있으므로 바로 매상이 떨어지지는 않고 2~5년 세월이 흘러가면서 아주 서서히 매상이 떨어진다. 어느 날은 매상이 90만원인데 어느 날은 매상이 20만원이 되기도 한다.

(6) 하루 매상 100만원일 경우-돈을 모을 수 있는 음식점

월 900만원 안팎의 수익이 발생하므로 몸은 고생해도 행복지수는 날로 높아진다. 월 순이익 1천만원 수준을 넘기면 이젠 자신의 음식점이 성공하였다고 자부하고, 자기는 가만히 있는데도 돈이 굴러들어온다고 착각한다. 이 상태이면 주방장과 종업원을 여러 명 고용한 뒤 부부는 놀러 다닐 수도 있는 상태가 되지만 돈 버는데 재미가 붙어 꼭 매장에 붙어 있으려고 한다. 이 경우 월수입을 전부 쓰지 말고 생활비를 제외한 나머지는 반드시 저축해야 한다. 저축한 금액은 몇 년 뒤 매장을 확장하거나 직영점을 내는 데 활용할 수 있다. 직영점 3개 정도 내면 더 바쁘게 살겠지만 최소한 돈 걱정은 안 하고 살 수 있을 것이다. 또한 천천히 프랜차이즈 사업을 시도할 수도 있다.

(7) 하루 매상 150만원일 경우-흔히 말하는 중박 음식점

하루 매상이 150만원인 점포는 흔히 말하는 중박 이상의 성공한 음식점들이다.

유명 햄버거 프랜차이즈 중에서 입지 조건이 나쁜 지방에 있는 점포인 경우 일매 110만원 정도를 찍는다. 대도시에서

지명도 낮은 지역에 있는 유명 햄버거 체인점들이 일매 130만원~180만원을 찍는다. 그리고 재래시장에서 볼 수 있는 시장 빵집 중 항상 손님이 바글바글대는 빵집이 일매 170만원을 찍는다.

30평 규모의 유명 한식 프랜차이즈 중에서 장사가 잘되는 점포가 일매 150만원 찍고, 장사가 잘되는 주점, 호프집, 고깃집, 일식집, 분식집이 일매 150만원을 찍는다.

(8) 하루 매상 200만 원-흔히 말하는 초대박 음식점

하루 매상 200만 원이면 객단가 7천 원 기준 1일 300인분을 판매하는 초대박 음식점이다. 월 1천 500만원~2천만원의 순수익이 발생한다. 물론 고기를 박리다매하는 주점이라면 이익률이 더 낮아질 것이다. 하루 200만 원 매출이 발생한다면 더할 나위 없이 좋은 시나리오이고 프랜차이즈 사업을 시도해도 성공할 확률이 높다. 또한 매출이 조금 떨어질 무렵이면 장사에 싫증날 수도 있는데 이때 권리금을 많이 받고 바로 팔아 버릴 수도 있다.

그런데 하루 매상 200만원 찍으려면 단골과 유동 인구가 중요하다. A급 상권에 입점한 유명 패스트푸드점, 외식업 체인점이 일매 200만원 이상 찍는다. A급 상권에서 장사가 잘 되는 고깃집, 한정식, 횟집, 주점, 퓨전음식점, 유명 한식체인점, 일식집, 분식집이 일매 200만원 이상 찍는다. A급 상권에 있는 퓨전포차도 히트치면 일매 200만원 이상 찍는다.

(9) 하루 매상 300만원 이상-맛집이거나, 유동 인구가 많거나, 매장 크기가 큰 음식점

유동 인구가 많은 오피스 밀집 지역은 20평 크기의 분식점도 장사를 잘하면 일매 300만 원 이상 찍기도 한다. 또한 지방의 전통적인 맛집이거나, 점포 크기가 상대적으로 큰 경우다. 객단가가 높은 음식점이거나, 부촌에서 장사가 잘되는 음식점이 이에 속한다.

A급 상권이거나 강남 부촌 등에서 장사가 잘되는 고깃집, 주점 등이 일매 300만원 이상 찍고, A급 상권으로 비즈니스 밀집 지역에서 장사가 잘되는 20평 크기의 분식점이 일매 300만 원 이상 찍는다. 대형 아파트단지에서 맛으로 유명한 개인 빵집도 일매 300만원 이상 찍는다.

갈비 숯불구이집이 부촌에서 초히트치면 일매 1,000만원을 찍는다. 바닷가의 유명 횟집이라면 일매 400만원 이상 찍는다. 더 유명하고 드라이브족이 많이 찾는 횟집이라면 일매 700만원을 찍기도 한다. 도시 외곽에 새로 음식점을 세웠는데 맛집으로 유명세를 타면서 손님들이 몰려온다면 일매 300만원 이상 찍고 업종에 따라 일매 500만원 찍는 집과 일매 700만원을 찍기도 한다.

(10) 하루 매상 1천만 원-기업형 음식점

유동 인구가 많은 곳에 위치한 유명 패밀리 레스토랑 가맹점들은 보통 일매 1천만원 이상을 찍는다. 유명 프랜차이즈의 본점은 대부분 대형이다. 이들 중 장사를 잘하는 본점들이 보통 일매 400만원, 500만원을 찍고, 일매 1천만 원 이상 찍는 본점도 있다. 보통 고깃집, 쌈밥집, 보쌈집, 오리요릿집처럼 객단가가 높은 업체들의 본점이 가능하다.

〈표 64〉 한식 갈비집의 초기 창업비용

품목	내용	금액
가맹비	· 상표사용권 부여 및 지역 독점영업권 보장	· 400만원 ※전략지역 할인이벤트 확인
교육비	· 가맹점 운영 교육 및 매뉴얼 제공, 노하우 전수	600만원
물품 보증금	· 본사 공급 원부자재에 대한 예치금(가맹계약 해지 시 반환)	~~400만원~~ → 200만원 ※200만원 할인행사
점포개발비	· 나이스비즈맵과 SK텔레콤 상권분석 시스템	~~100만원~~ → 0원 ※100만원 할인행사
인테리어	· 설계 및 3D 디자인/바닥타일 공사 · 목공사(자재/인건비/유리·금속 공사 · 전기, 조명공사/도장, 필름공사/사인물 일체	4200만원 ※33m^2 당 140만원
홀/주방기물	· 2인/4인 테이블, 단체석 일체 등	1500만원
간판	· 외부 전면 잔넬 텍스트 간판 (4M) · 돌출 간판 및 사이드 간판	450만원
기기설비	· 로스터(착화식), 삼중불판 · 냉장/냉동고, 간데기 etc, 육류냉장고 등 · 샐러드바, 아이스크림케이스, 식혜, 커피머신	2250만원
홍보/오픈지원	· 웹카메라 1대/음향기기SET/홍보물 및 조형물 일체	50만원

<표 65> 외식업 초기 창업비용(단위 : 만 원)

구분	99.17m²	132.23m²	165.28m²	198.34m²	세부내역	비고
가맹비	800	800	800	800	상호·상표사용(브랜드가치) 등	소멸
교육비	200	200	200	200	메뉴·운영·서비스·식자재 교육	체류비 등 점주부담
인테리어	3900	5200	6500	7800	목공사, 설비, 방수공사, 천정, 전기 등	평당 130만 원
간판	500	600	700	750	전면LED간판, 돌출간판 등	그 외 별도
닥트	550	700	850	1000	외부 2층 기본, 내부 및 주방 닥트	3층 이상 별도
테이블·의자	400	520	640	760	홀 의·탁자	
테이블렌지	270	350	430	510	2구렌지	
주방기기·홀집기	2100	2700	3300	3900	식기세척기, 주방기기 등	주물불판은 본사 무료 대여
인쇄·홍보·소품	200	250	300	400	이벤트, 전단지, 추억의 소품 일체	
합계	8920	1억1320	1억3720	1억6120		

<부록>

참고문헌

강동완, 도미노 올스타팩, 제일 잘나가는 도미노 베스트 메뉴 모았다. 머니위크, 2014-05-02.

강병남. 박정리. 안종철. 안병찬. 이윤희. 이진. 정수식. 형영종(2014), 『외식산업 실무론』 (서울: 지구문화사).

강주필, '할랄 인증' 네네치킨, 싱가포르 매장 매출대폭 신장. 오센뉴스, 2015-03-21.

교육과학기술부 (2015), 학교급식 현황, 급식 예산규모와 운영비 세부 비용예산, 연도별 급식예산 및 보호자 부담비율.

권지예, 아워홈, 국내 단체급식 '할랄 인증' 최초 획득. 뉴데일리경제, 2015-06-30.

기쁨과희망은행(2010),「기쁨과 희망은행 창업교육 교재」.

김동진. 김영길. 남장현. 류기상. 배현주. 심순철. 윤혜원. 전민선. 전혜민. 한동철. 홍완수. 황조혜(2013),『외식경영론』(서울: 이프레스).

김성태. 김영규 임병민(2014), "프랜차이즈 자영업자 음식과 업종의 활로인가" 중소기업연구 제36권 제3호 79-103.

민나경(2013),「곱창·막창 전문점 프랜차이즈의 길을 열다」. 월산창업&프랜차이즈.

박경환(2006), 「실전! 상권분석과 점포개발」. (서울: 상상예찬)

박정기 외(2005), 「소상공인 창업과 경영실무」. (서울: 두남).

서울신용보증재단(2010), 「소곱창구이 전문점」.

소상공인진흥원(2008),「상권 및 입지분석 상담사전문교육교재」.

아리쇼(2015),「죽은자영업의 이야기, 죽지 않은 레시피」. (서울: 도서출판 좋은땅)

오상봉, "자영업체 프랜차이즈 경영상황 이슈분석", 한국노동연구원, 노동리뷰 81-97, 2016.12.

유정환. 김홍태. 김일광, "국내 치킨 비즈니스 현황분석" KB금융지주경영연구소 2-26, 2013.1.

이용성. 박주영(2013), 「창업경영론」.(서울: 인플로우).

중소기업청 상권분석시스템, (2010).

최영욱. 노상욱(2010), 「잘되는 이색 아이템」.(서울: 새빛에듀넷).

홍성수 외(2000), 「재무제표를 읽으면 기업이 보인다. (서울: 새로운제안).

홍영석(2008),「초보자도 3일이면 끝내는 부동산 권리분석」.(서울: 타임스퀘어).

한눈에 읽는 외식창업 성공 이야기 [시리즈 9]

사계절 매니아로 불황없는

곱창·막창 전문점

발 행 일 : 2018年 6月 1日

저　　　자 : 김 병 욱

발 행 처 : 킴스정보전략연구소

홈 페 이 지 : http://www.kimsinfo.co.kr

주　　　소 : 서울시 강동구 성내로8길 9-19(성내동 550-6) 유봉빌딩 301호(☎ 482-6374~5, FAX : 482-6376)

출판등록번호 : 제17-310호(등록일: 2001.12.26)

인　　　쇄 : 으 뜸 사

I S B N : 979-11-7012-132-9

※ 당 연구소에서 발간하는 도서구입, 도서발행, 연구위탁, 강의, 내용질의, 컨설팅, 자문 등에 대한 문의 ☎(02)482-6374.